UM MENU DE AVENTURAS

· PHOEBE DAMROSCH ·

UM MENU DE AVENTURAS:
COMO ME TORNEI EXPERT NA ARTE DE SERVIR

TRADUÇÃO:
Alice Klesck

Service included: four-star secrets of an eavesdropping waiter © 2007 por Phoebe Damrosch
Um menu de aventuras: como me tornei expert na arte de servir © 2008 por Editora Senac Rio
Publicado em inglês em 2007 por HarperCollins Publishers, Nova York, EUA.

Direitos desta edição reservados ao Serviço Nacional de Aprendizagem Comercial – Administração Regional do Rio de Janeiro e ao Sistema Fecomércio-RJ.

Vedada, nos termos da lei, a reprodução total ou parcial deste livro.

- -

SISTEMA FECOMÉRCIO-RJ
SENAC RIO

PRESIDENTE DO CONSELHO REGIONAL:
Orlando Diniz

- -

Editora Senac Rio
Av. Franklin Roosevelt, 126/604
Centro – Rio de Janeiro – RJ
CEP: 20021-120
Tel.: (21) 2510-7100 – Fax: (21) 2240-9656
www.rj.senac.br/editora
comercial.editora@rj.senac.br

EDITORA: Elvira Cardoso

PRODUÇÃO EDITORIAL: Andréa Ayer, Cristiane Pacanowski e Karine Fajardo (coordenadoras), Lilia Zanetti, Marcia Maia, Mariana Rimoli e Paulo Serpa

TRADUÇÃO: Alice Klesck

PREPARAÇÃO DE ORIGINAIS: Sheila Til

COPIDESQUE: Cristhiane Ruiz

REVISÃO: Tobias Wedmore, Melissa Lopes e Isabella Leal

ASSESSORIA TÉCNICA: Centro de Gastronomia do Senac Rio

CAPA, PROJETO GRÁFICO E EDITORAÇÃO:
Lauro Machado

FOTO DA AUTORA: Jason Berger

1ª EDIÇÃO: MARÇO DE 2009

IMPRESSÃO: Gráfica Santa Marta

CIP-BRASIL. CATALOGAÇÃO-NA-FONTE
SINDICATO NACIONAL DOS EDITORES DE LIVROS, RJ

D172m   Damrosch, Phoebe, 1978 –

Um menu de aventuras : como me tornei expert na arte de servir / Phoebe Damrosch; tradução Alice Klesck. – Rio de Janeiro : Ed. Senac Rio, 2009.
240p. ; 16cm x 23cm

Tradução de: Service included : four-star secrets of an eavesdropping waiter
ISBN 978-85-7756-040-0

1. Damrosch, Phoebe, 1978 –. 2. Per Se (Restaurante). 3. Garçonetes – Estados Unidos – Biografia. 4. Serviços de alimentação – Estados Unidos. I. Título.

08-0061.

CDD: 920.964795
CDU: 929:640.432

Para André, que está precisamente certo.

— SUMÁRIO —

DECLARAÇÃO DE DIREITOS DO COMENSAL.................................... 8

INTRODUÇÃO 9

A arte do trabalho diurno 11

Pornografia alimentar... 23

Mosquitos na torrada.. 42

Fogo! 64

Ama quatro-estrelas.. 85

Sendo franca, Frank.. 100

Sem rodeios.. 114

A gafe, prezado Bruni 139

Nas estrelas, não... 156

Fornecedores 165

Posso ouvir você... 179

Amor urbano.. 198

Serviço incluído.. 220

Mais algumas dicas... 226

Epílogo: meu jantar com André... 230

Menu do Per Se... 233

Agradecimentos 238

DECLARAÇÃO DE DIREITOS DO COMENSAL

1. Direito a ter sua reserva respeitada.

2. Direito a água.

3. Direito à comida que você pediu, na temperatura pretendida pelo chef.

4. Direito a um banheiro limpo e que funcione perfeitamente.

5. Direito a talheres, copos, louça, toalha e guardanapos limpos.

6. Direito a luz suficiente para a leitura do menu.

7. Direito a ouvir seus acompanhantes falarem.

8. Direito a ser servido até o horário de fechamento divulgado pelo restaurante.

9. Direito a permanecer em sua mesa o tempo que desejar.

10. Direito a sal e pimenta.

— INTRODUÇÃO —

Costumo pular as introduções e ir logo para o primeiro capítulo. Ao fim, quando gosto muito do livro, no intuito de adiar seu inevitável término, volto para ler o que pulei – até mesmo a história que o inspirou. Imagino que começar a leitura pela introdução seja como colocar os dedos do pé na água para verificar a temperatura. Neste caso, o que eles podem perceber são: uma rejeição ambígua aos fatos e à ficção, uma leve tentativa de resumir o livro, uma explicação do título e uma declaração de arrependimento.

Quanto ao terreno traiçoeiro da não-ficção, tudo o que posso dizer é que este livro contém a verdade baseada em minhas lembranças, com as seguintes exceções: os diálogos, o tempo e dois personagens. Mudei alguns nomes e detalhes comprometedores e deixei muita coisa de fora, sobretudo o que teria constrangido, enfurecido ou magoado as pessoas desnecessariamente.

Enquanto trabalhava neste projeto, amigos e conhecidos perguntavam, com a melhor das intenções, sobre o que eu estava escrevendo, questão para a qual eu estava sempre despreparada. A princípio, eu contava mentiras absurdas (ver "Amor urbano"). Como surtiram um efeito oposto ao desejado, tentei ser vaga: "É sobre o universo dos restaurantes..." Quando me pressionavam, eu dava uma lista enorme de tópicos: comida, boa mesa, amor, inveja, Nova York, comer tarde da noite, clientes, livros de culinária, críticos de gastronomia. Os olhares ficavam um tanto perplexos. A tentativa seguinte teve como base a psicologia reversa. Este livro *não* é um retrato amarelado de minha avó na cozinha, preparando almôndegas, *samosas*, mingau de arroz ou pastéis. Não é um livro do tipo que ensina como fazer algo; você não encontrará receita alguma, nem irá aprender a desossar, untar, ferver ou cozinhar em fogo brando em panela bem tampada. Não é uma história muito extensa; grande parte dela transcorre ao longo de 18 meses.

Depois que deixei o restaurante Per Se, onde se passa esta narrativa, um ex-colega me relatou a história que um chef havia contado à equipe. "Se alguém quiser entender o que é comprometimento", explicou ele, "tudo o que tem a fazer é observar o típico café-da-manhã americano, com bacon e ovos. A galinha estava envolvida, mas o porco estava comprometido".

Esta é uma história sobre comprometimento: com a comida, o atendimento, o amor, a perfeição e sobre ser o bacon.

CLASSIFICAÇÃO: *Inadequado para menores.*
Pode conter material ofensivo a republicanos, vegetarianos radicais, lobistas da indústria farmacêutica e às pessoas que estiverem seguindo uma dieta com baixo teor de sódio. Alguns animais foram feridos durante a elaboração deste livro.

A ARTE DO TRABALHO DIURNO

Acabei tendo de aceitar que não trabalhava em restaurantes para sustentar minha arte, como a maioria dos meus colegas de trabalho; eu estava bancando a artista para justificar meu trabalho como garçonete. O pequeno café em que trabalhava, em Williamsburg, no Brooklyn, empregava artistas como se precisasse preencher cotas: um baterista, um cineasta, um ator, um dançarino, um fotógrafo, um designer e eu – que, àquela altura, sonhava em ser escritora. De vez em quando, alguém saía em turnê ou resolvia voltar a morar em uma cidade do interior, num estado pequeno, ou simplesmente ia embora, por causa da frustração de não conseguir realizar seus sonhos. É uma combinação perigosa, essa dicotomia de artista/garçom, que com freqüência resulta em falta de atenção no atendimento e *margaritas* deixadas pela metade, esquecidas atrás do computador.

Eu morava num conjugado, e no andar de baixo morava minha paixão do colégio. O bairro era Williamsburg (recentemente avaliado como o "mais na moda" no país – nem imagino quão científica tenha sido essa pesquisa). Havíamos terminado três anos antes e fazíamos de conta que éramos amigos, dividindo um computador e agasalhos, fazendo compras juntos no supermercado, montando prateleiras para livros e sabotando a vida amorosa um do outro. O fato de passarmos a maior parte do tempo na cozinha não é de surpreender; a comida sempre foi o elo entre nós. Entre nossas primeiras experiências e nosso reencontro, anos depois, nos tornáramos confiantes em nossas técnicas e ambiciosos em nossas tarefas, dominando emulsificações e reduções, a arte de sovar e a importância de deixar os ingredientes descansarem. Ele interpretava o chef, e eu, a visionária, lendo receitas em voz alta, sentada no chão, encostada na porta da geladeira.

Quando fiquei desempregada, meu antigo amor sugeriu que eu fizesse uma entrevista para o café em que ele trabalhava. Eu me candidataria a uma vaga de ajudante, já que não tinha experiência no ramo. Quando a gerente me perguntou se eu sabia preparar um cappuccino, com toda a seriedade do mundo respondi que não, mas que bebia muitos. Não tenho a menor idéia de por que ela me contratou.

O café era formado por uma mistura divertida de culturas, desde seu teto curvo, em mosaico, até a cozinha eclética, que eu chamava de "meioterrânea": ovos mexidos com coentro e gergelim, pernil de cordeiro com passas e pinhões, salmão com cuscuz israelense. Depois de ter escapado de meu último emprego, na Quinta Avenida, com a sanidade intacta (tratarei disso mais adiante), fiz um *piercing* no nariz, tingi meu cabelo curtinho com um tom louro platinado radical e passei a andar com meu saca-rolhas dentro das botas de cano alto. O café talvez fosse mais conhecido por conta do *brunch*, quando a fila saía porta afora, e nos aperfeiçoávamos na arte de correr pra lá e pra cá equilibrando três ou quatro xícaras de café. Os moderninhos de cabelos desgrenhados são o grande desafio para quem serve o *brunch*, pois mal conseguem pronunciar o pedido de um *bloody mary*, muito menos esperar pelos ovos pochés com lagostim e chouriço. As *margaritas* eram indispensáveis para a sobrevivência.

Eu era a única ajudante que não se chamava Mohammed. Lá, assim como em muitos restaurantes de Nova York, qualquer desvio da distinta hierarquia de classe/raça deixava todos constrangidos. Na maioria dos estabelecimentos da cidade, o chef é caucasiano, os garçons são artistas famintos, os ajudantes são de Bangladesh e o pessoal da cozinha e os lavadores de louça são da América Latina. Para ser bem honesta, acho que fui promovida de ajudante a garçonete tão rapidamente porque o chef e os garçons não se sentiam à vontade ao me pedirem para esfregar o chão, tirar o lixo e limpar as janelas. Com certeza não fui promovida por minha habilidade ou meu conhecimento. Quando eu chegava à cozinha para pegar uma salada, os cozinheiros levavam mais um segundinho para firmar as folhas entre os legumes. Sabiam que, quando eu pegava uma tigela de sopa, o *crostini*, que deveria permanecer na borda, seria lançado como um bote salva-vidas em meio às ondas turbulentas de sopa. A espuma no meu chá de soja parecia espuma de sabão. Eu pensava que Cristal* fosse o nome de uma empresa de louça.

Que maneira melhor, no entanto, para começar minha carreira no ramo do que num restaurante repleto de lugares-comuns: baratas nos grãos e farináceos, ratos por todo lado, contabilidade duvidosa, casos amorosos complicados, drogas, roubos, inundação no porão e chefs com uma tendência a arremessar panelas, frigideiras e alimentos? Fiquei lá mais de um ano, período em que vi pelo menos dez garçons e dois chefs chegarem e partirem. Sempre faltava metade dos itens da carta de vinhos e muitas vezes não conseguíamos encontrar a outra metade. O sistema de reserva era uma pilha de *post-its*.

Quando o bairro realmente começou a badalar e ficou lotado de novos restaurantes e lugares ainda mais legais que o nosso, os negócios sofreram uma queda. Os proprietários, cuja experiência no ramo se resumia a ter montado o restaurante com dinheiro empres-

---

* Cristal é marca de champanhe e também de cerveja. (N. da E.)

tado, reagiram contratando uma gerente de verdade. Não podiam pagar por um profissional experiente, então arranjaram alguém a quem pagariam um salário baixo. E lá veio Jessica, uma garota um tanto estranha, de 24 anos, com um corte de cabelo radical e um ar astuto e mal-humorado. Ela se enquadrava muito bem no cenário, com seus meiões de lã e suas saias curtas, o lápis de olho cuidadosamente esfumaçado e um batom vermelho que usava como marcador do novo livro de reservas. Em alguns meses, tanto seu vício das drogas quanto o fato de estar dormindo com o chef já eram do conhecimento de todos. Um dia ela simplesmente desapareceu, deixando para trás um tênis preto e um espelho. Por um tempo assumi várias de suas responsabilidades: fazer o pedido de vinhos, montar o plantão dos Mohammeds e planejar festas de clientes. Quanto mais eu me envolvia no negócio, mais percebia quanto era obscuro. Deviam dinheiro para todo mundo e só pagavam quando era necessário fazer outro pedido.

Só comecei a trabalhar em restaurantes depois de ter esgotado algumas outras formas não tradicionais de ganhar a vida. Já havia escrito para um site de encontros amorosos das Filipinas. Levado um cachorro para passear. Escrito críticas on-line sobre comida (meu primeiro e último trabalho de escritório, e durou seis semanas inteiras). Feito revisões para escritórios de advocacia, trabalhado como babá de três netos do JFK e ajudado a organizar exibições de documentários em presídios femininos. Durante dois anos após a faculdade, eu também tinha fingido que estava prestes a me inscrever numa pós-graduação em literatura inglesa, mais por ter passado a vida toda estudando e não conseguir pensar em outra coisa.

Depois disso tudo, de alguma forma consegui um emprego como garota exemplar/babá/mensageira de uma família rica da Quinta Avenida. Como a equipe que trabalhava na residência incluía duas outras babás, uma empregada doméstica, um motorista, um instrutor de ioga, um massagista, um cabeleireiro, um técnico em autobronzeamento, instrutores de piano, professores de hebraico, de matemática e de etiqueta para as crianças, um estoquista e uma assistente pessoal, realmente me sobrava muito pouco a fazer. Meus dias favoritos eram aqueles em que a personal chef chegava, acompanhada por dois porteiros carregando sacolas do mercado Fairway. Embora ela praticamente só fizesse nuggets orgânicos de frango para as crianças, também criava refeições fantásticas, de vários pratos, para a mãe e o pai – a mulher era anoréxica, o marido trabalhava demais –, deixando as *tartelettes* de salmão e as tortas de maçã para as babás. Aceitei o emprego porque o expediente durante a tarde me permitia fingir que eu era escritora; porém, depois de passar um verão me deslocando do Upper East Side até a região dos Hamptons, num ônibus lotado de empregadas, cozinheiros e outras babás, me ocorreu que eu poderia trabalhar durante o mesmo período num local diferente. Na casa de praia havia oito quartos dignos das melhores revistas de decoração, com vista para o mar, um frigobar bem abastecido (a personal chef também ia lá) e, ainda assim, eu me sentia em prisão domiciliar.

Por ser boa em inglês, imaginei que poderia encontrar um emprego na área editorial, mas, pelo que eu sabia, os escritórios eram empoeirados, parados e mal iluminados. As cozinhas, por outro lado, eram dinâmicas. E, ao contrário de trabalhar como babá, emprego em que eu assumia um papel anormal numa família anormal que nem sequer era a minha, limpar mesas e servir água pareciam demandar um conjunto de habilidades bem simples e claras. Além disso, eu poderia trabalhar no Brooklyn, conhecer meus vizinhos e reduzir o tempo de deslocamento para apenas alguns segundos. O outro lado da moeda, claro, era a possibilidade de me tornar uma garçonete de meia-idade cheia de varizes, com a tosse típica de fumantes. Jurei nunca pronunciar a frase "Café tá quente?", nem me dirigir a alguém com "meu bem". Nas reuniões de família, eu podia ouvir as indagações reais por trás daquilo que me perguntavam. Então, o que eu andava fazendo? (Afinal, o que eu estava fazendo da minha formação superior assustadoramente cara?) Quais eram meus planos? (Quando eu arranjaria um emprego de verdade?) Eu dizia a todos que estava me candidatando a algumas faculdades e aguardando notícias, mas não tinha escrito uma palavra sequer nos últimos meses, exceto assinando cheques. De fato, havia me inscrito em alguns cursos, mas não para estudar algo prático. Escolhera não-ficção criativa – um gênero tão firme em sua ambivalência quanto eu ao estudá-lo. Além disso, fazer inscrição nas instituições que havia escolhido não era, em si, uma estratégia de carreira; nenhuma das três incentivava notas, prazos ou colocação no mercado de trabalho.

Era o meu coração partido que mais me pressionava. A paixão de colégio, o ator/garçom que morava no andar de baixo e com quem eu trabalhava no restaurante, quando ele não estava ensaiando, teve a audácia de se apaixonar por outra pessoa, em vez de por mim. Aquele cretino. Então, lá estava eu, presa a ele no trabalho, grudando a orelha em vão no chão da minha cozinha, fumando um cigarro atrás do outro na saída de incêndio (porque é isso que se faz em Williamsburg) e escrevendo poesia ruim. E daí se não tínhamos nada em comum, além da comida e da cidade natal? E daí se ele detestava a cidade que eu adorava e eu detestava o país que ele desejava? Poderíamos passar os verões em Vermont – talvez abrir uma pequena pensão/pousada para artistas. Quando ele me contou que os dois iam morar juntos por um tempo, ordenei a mim mesma ser racional. Então, pedi demissão do meu emprego no café, juntei minhas economias e comprei uma passagem de avião para Paris. Se era para ficar infeliz, que fosse num lugar tragicamente romântico, onde eu poderia me distrair (já que não daria para ser romântica da forma convencional).

Na França, me matriculei num curso de idiomas, pois achei que deveria ter algum motivo para estar lá, além de autopiedade – e porque essa era uma maneira fácil de arranjar estadia. No fim das contas, fui parar na casa de uma católica divorciada e amargurada que odiava a minha existência. Quando cheguei ao seu apartamento, no transado bairro Neuilly, ela me instruiu a não usar o telefone nem a cozinha e a sempre andar calçada. Pés descalços deixavam marcas que ela detestava em seu piso sempre encerado. Desnecessário dizer que eu ficava ali o menor tempo possível, preferindo vagar pelas ruas, pensando em meu futuro desanimador (sozinha num apartamento escuro no Queens, com gatos e um guarda-roupa de conjuntos verdes de poliéster). Os croissants ajudavam a levantar meu astral, assim como as lojas que tinham mais queijos do que a quantidade de dias num ano, os cafés com creme e os cigarros nos cafés das calçadas, as lojas de vinho com adegas no subsolo, e os pequenos restaurantes com imensas tigelas de cerâmica de musse de chocolate da qual era possível se servir à vontade. Tendo a comida como minha companheira constante, a vida começou a parecer melhor.

Ao fim do meu mês em Paris, a madame deixou claro que não desejava prorrogar minha estada. Eu havia comprado uma passagem de volta para duas semanas após o término do meu curso, na esperança de me apaixonar e adiar minha partida. Mas, como só encontrava o amor dentro de um copo ou um prato, e nunca nos braços do francês dos meus sonhos, resolvi continuar meus estudos em outro lugar. Estudos sobre culinária, diga-se de passagem. Comecei pela região da Sabóia, famosa pelo alpinismo e por seus queijos. Não faço escalada, mas sei pedir carona, e foi assim que cheguei a um pequeno monastério, conhecido pelo queijo Reblochon. Descobri uma mulher que fazia lingüiça com carne de jumento, e vivi de baguetes e lingüiça pelo restante do tempo que fiquei ali.

Quando voltei para os Estados Unidos, no fim de julho, fui passar uma semana com um amigo cozinheiro que havia se mudado para o Napa Valley a fim de assediar Thomas Keller, o chef do French Laundry, restaurante que muitos consideravam um dos melhores do país, se não do mundo. O nome de meu amigo, cuja destreza com a faca desbancava sua habilidade para quebrar as regras, encontrava-se ao fim de uma lista de espera de jovens cozinheiros dispostos a trabalhar de graça na famosa cozinha. Eu também andava curiosa sobre o French Laundry, depois de babar num livro de receitas do restaurante nas livrarias, mas não me surpreendi em saber que também estávamos no fim da lista para uma reserva. Todos os dias, durante uma semana, vestíamos as únicas roupas boas que possuíamos e íamos nos sentar no jardim do French Laundry, torcendo pelo cancelamento de uma reserva. Todos os dias éramos educadamente dispensados e tínhamos que nos consolar nos vinhedos locais.

Cheguei a Nova York bem a tempo do calor sufocante de agosto e imediatamente saí em campo à procura de trabalho. Tinha dois critérios: dinheiro rápido e boa comida. Tendo trabalhado em um único restaurante, meu plano era começar a falar antes mesmo que olhassem o meu currículo. Arranjei um emprego num movimentado restaurante belga no Meatpacking District,* onde tudo, exceto os mexilhões, parecia com o que era servido no vôo corujão para Los Angeles. Com três semanas de trabalho, recebi uma ligação do chef com quem trabalhara no Brooklyn. Ele havia pedido demissão, sem jamais ter se recuperado inteiramente do furacão Jessica, expressão que eu gostava de usar para me referir à drogada, desaparecida e às

---

* O Meatpacking District, antiga área de abatedouros, é um local de badalação nova-iorquina, com várias opções de boates, lojas, galerias de arte e restaurantes sofisticados. Localiza-se no limite entre Chelsea e West Village. (N. da E.)

vezes gerente com quem ele teve um caso. Ele estava abrindo um restaurantezinho chique em Midtown e me chamou para ir até lá a fim de ser entrevistada para um emprego. Na entrevista, usei a mesma técnica anterior, falando o máximo possível sobre comida e o ramo gastronômico, de modo a evitar que olhassem o meu currículo. Ou deu certo ou ele mexeu seus pauzinhos, mas fui contratada.

Não imaginara que ficaria tão perdida. Alguns minutos depois de entrar pela porta para o meu primeiro turno, já estava pedindo ajuda aos colegas de trabalho. O uniforme era camisa branca, calça preta, avental marrom e gravata, cujo nó eu tive de pedir a um dos garçons para fazer para mim. Eu só o afrouxava após cada turno, mantendo-o intacto para evitar refazê-lo. Também usei um sistema de computador de verdade pela primeira vez e trabalhei com cumins, auxiliares para servir café e maîtres. Não houve muito treinamento para o emprego, e a maior parte do que aprendi foi observando os garçons mais experientes à minha volta. Reparava na forma como carregavam suas bandejas, onde pousavam as taças, por qual lado entregavam o menu ao cliente.

Por cerca de um mês, tive certeza de que seria despedida a qualquer momento. Na primeira vez que servi um dos donos, uma colher de sobremesa escorregou dos meus dedos úmidos e trêmulos. Foi uma queda de uns dois palmos e, quando a colher bateu na toalha branca grossa, quicou e saiu rolando até a taça de vinho, que, piedosamente, continuou de pé, mas o barulho ecoou pelo salão como se estivesse anunciando um brinde. O dono ergueu os olhos com algo que parecia um olhar contemplativo, sentado ali à mesa junto ao reservado em formato de meia-lua, que dividia com um figurão do hotel Four Seasons a quem estava tentando impressionar. Bem, ela certamente não vai durar muito, o figurão deve ter pensado. Mas não fui demitida; na verdade, acho que o ar contemplativo tinha mais a ver com o fato de perceber que eu existia, que as colheres de sobremesa não se materializavam na mesa de alguém, que realmente eram levadas por um ser humano – um dos seres humanos naquele mar de aventais marrons, cujos nomes ele jamais pensou em aprender, já que só precisava nos chamar de "querida", ou "meu bem", ou "amigo".

Quando fiquei mais à vontade no emprego, percebi que a capacidade de memorizar um pedido e permanecer calma ao acomodar três grupos diferentes (quando os clientes de três mesas chegavam ao mesmo tempo) me elevavam a um status bem acima do pior serviçal. Depois que superei meus tremores, interagir com os clientes ficou fácil. Pessoas são pessoas, mesmo que sejam mais ricas que Deus. Comecei a ter clientes regulares, como havia acontecido também no Brooklyn – só que, em vez das torradas com café, eles pediam lagosta e vinho Meursault premier cru. Logo após a abertura do restaurante, muitos críticos de gastronomia conhecidos apareceram: Hal Rubenstein, da revista *New York*; Amanda Hesser e William Grimes, do jornal *The New York Times*. A revista *Gourmet* fez uma matéria; e o canal Food Network filmou um programa. Comecei a vislumbrar algumas possibilidades para mim nesse mundo, mas ainda tinha muita coisa para aprender.

Uma coisa que esse lugar tinha em comum com o café do Brooklyn era a predominância de artistas na equipe. Por essa razão, numa noite sonolenta de domingo quando eu estava lá havia três meses e o maître anunciou que o elenco do programa *Queer Eye for the Straight Guy* iria se sentar na minha seção, enquanto o chef Thomas Keller estaria do outro lado do salão, foi fácil trocar. Para mim, foi uma escolha simples: eu não tinha televisão e nunca tinha visto o programa, mas, do jardim do French Laundry, tinha visto o chef Keller. Também ouvira um boato de que ele havia aberto um restaurante no Time Warner Center, em Columbus Circle. Se fosse para eu continuar a trabalhar em restaurantes – o que parecia provável –, que fosse no melhor. Palavras um tanto presunçosas para alguém com experiência adquirida em três restaurantes, disse a mim mesma, assim que pensei. Com meu currículo eu não conquistaria nada, muito menos uma oportunidade no restaurante.

Pedir para servir a mesa do chef Keller pareceu a oportunidade perfeita para que eu me apresentasse, mas logo comecei a duvidar de que essa seria uma estratégia inteligente.

– Você sabe que tipo de caqui o chef está usando? – um dos clientes me chamou para perguntar. Mais tarde descobri que aquele era Jonathan Benno, ou J.B., que viria a ser o chef de cozinha do novo restaurante.

Que *tipo* de caqui?

Consegui sobreviver àquele turno, que foi uma prova de nervos, tentando ser invisível e deixando que o sommelier servisse tudo, até a água. Assim que voltei ao Brooklyn, fiz uma pesquisa on-line sobre caqui. Depois fui direto para o link de recursos humanos no site do French Laundry. Pensei em todas as horas que havia passado naquele banco de jardim em Napa, tentando entrar após uma desistência da lista de espera. Pensei em meu amigo olhando pela janela, invejoso, os chefs trabalhando na cozinha imaculada. Então, pela terceira vez em quatro meses, comecei a reformular meu currículo.

AS APARENTEMENTE INÚMERAS ESPÉCIES DE CAQUIS

Segundo os Plantadores de Frutas Raras da Califórnia, os caquis surgiram na China antes de se espalharem pelo Japão e pela Coréia. Chegaram à Califórnia na metade do século XVIII, onde florescem durante os invernos moderados e os verões brandos. A fruta é rica em betacaroteno, vitamina C e potássio. Os caquis podem ter uma variação de cor que vai do amarelo-alaranjado ao laranja bem avermelhado, e de formato, que pode variar do de um tomate redondo ao oval como um fruto do carvalho. A Wikipedia informa que, na Coréia, a fruta seca é usada para preparar um ponche chamado *sujeonggwa*, e que os chineses usam as folhas secas para fazer chá. Em setembro, os residentes de Mitchell, em Indiana, organizam um festival de caqui, incluindo um concurso de pudim de caqui. O pudim, similar a uma torta de abóbora, é servido com chantili. Parece não haver consenso no que diz respeito à melhor época de colheita dos caquis ser após uma geada, quando alguns acreditam que eles perdem a acidez. Os dois lados, tanto os que colhem antes, quanto os que preferem fazer a colheita após as geadas, concordam que os caquis são melhores quando estão mais maduros e macios.

— Caqui *Fuyu (Fuyugaki)* —

J.B., que sabia perfeitamente bem que estava comendo um fuyu, *depois me explicou que chefs gostam dessa espécie, pois mesmo quando estão totalmente maduros são mais firmes do que outras variedades, e literalmente não-adstringentes. São de tamanho médio, com quatro lados arredondados.*

PORNOGRAFIA ALIMENTAR

Por muito tempo tive uma paixão pelo livro *The French Laundry Cookbook*, mas o achava totalmente fora de meu alcance, tanto pelo preço quanto pelas habilidades que suas receitas exigiam. Olhava-o às escondidas nas livrarias, namorando as fotografias brilhantes nos corredores escuros, onde as únicas testemunhas de minha paixão eram outros apreciadores de gastronomia e falsos cozinheiros desesperados, que provavelmente não conseguiriam assar um frango nem para salvar a própria vida e tinham de ficar babando diante das páginas centrais de robalo, geléia reluzente e torres de tomates perfeitamente descascados. Depois dos canapés e das sopas, eu ficava impaciente e parava de acariciar cada página. Passava direto pela pimenta, a geléia de uva Gewürztraminer, o "sanduíche" escultural de siri-mole e a degustação das trufas negras em busca da página que me deixava ofegante: a fotografia da lagosta aos cinco temperos na qual havia um pedaço de foie gras com uma gotícula provocante de gordura prestes a cair. Eu recuperava o fôlego e saía do meu cantinho, colocando o livro de volta no lugar, no meio de seus vizinhos indignos. Aquilo era certamente um exemplo de US$ 50 do que Anthony Bourdain chama de "pornografia alimentar". Isso não é gastronomia para chefs caseiros; é um prazer secreto para um *voyeur* invejoso.

E esta *voyeuse* estava prestes a obter mais que uma olhadela. Embora eu não tivesse pronunciado nem cinqüenta palavras para a mesa do chef Keller quando o servira, algumas semanas antes conseguira uma entrevista para o Per Se – como se chamaria o seu restaurante. Em latim, *per se* significa "por si só". O nome Per Se tinha a intenção de distingui-lo do French Laundry, o restaurante da Costa Oeste que lhe deu origem. Eu estava radiante pela entrevista, mas não tinha a menor idéia de como me preparar, sobretudo após o incidente do caqui. Então comprei o livro. A livraria onde encontrei um exemplar usado por US$ 30 embrulhou-o apropriadamente num saco de papel. Segurei-o junto ao peito, no metrô, na volta para casa, com uma espécie de orgulho encabulado. Ao chegar, me acomodei no sofá, na intenção de memorizar cada rosto, termo e detalhe potencialmente obscuro que pudessem impressionar meus futuros chefes. Dessa vez, não permiti que minha atenção fosse desviada por peitos e coxas, como acontecia nas livrarias. Dessa vez, li cada palavra.

Não há dúvidas de que o *The French Laundry Cookbook* é um trabalho impressionante. Nas receitas do livro, o chef Keller está interessado nas origens dos ingredientes e na avaliação de seu próprio relacionamento com a comida. Antes de começar o preparo, ele conta uma história para aguçar seu apetite pela leitura; a forma como foi inspirado a criar o prato, a descoberta de determinado ingrediente oculto, ou a história da primeira vez em que preparou a iguaria. Há uma seção dedicada à sua primeira experiência com molho *hollandaise* e outra que ensina o passo-a-passo para a *bondage* do frango (o amarrado, em termos técnicos). Ficamos conhecendo Ingrid Bengis, uma autora e estudiosa que envia lagostas vivas, de sua casa no Maine; Keith Martin, corretor da bolsa que se aposentou para criar ovelhas na Pensilvânia; John Mood, um piloto comercial que ainda voa, apesar do cuidado que suas 10 mil palmeiras demandam, e é delas que saem os palmitos encontrados na página 70.

O livro também explica a filosofia do chef Keller no que se refere à gastronomia, isto é, sua famosa lei de repetições decrescentes, por meio da qual ele reduz o tamanho de seus inúmeros pratos com o intuito de abrir espaço para uma variedade de sabores e texturas. No French Laundry, ele monta um menu de modo a oferecer apenas o bastante para "satisfazer seu apetite e aguçar sua curiosidade", só para deixá-lo implorando por "mais um pouquinho". O outro lado dessa lei é a fartura de extravagância. "Quero que as pessoas saibam do que se trata o foie gras", ele escreve. "Também extrapolo em trufas e caviar, para que as pessoas que talvez só tenham comido trufas em quantidades escassas possam saboreá-las e dizer: 'Ah, agora eu entendo.'" Essa filosofia ajuda a explicar o livro de reservas lotado, mas é difícil imaginar alguém em casa comprando todas as trufas, o foie gras e o caviar necessários para preparar uma receita desse livro, sem falir por conta de um simples jantar para os amigos. Eu quase fali, algumas semanas depois, só por causa de uma refeição.

Depois de ler a noite inteira, fui para minha entrevista. Como o restaurante ainda estava sendo construído, nos encontramos numa sala de reuniões no andar de baixo. Fiquei contente por ter feito minha pesquisa. Quando me perguntaram o que eu sabia sobre o French Laundry, citei alguns fatos sobre o prédio, que fora bar e bordel antes de virar uma lavanderia francesa de lavagem a vapor. Quando perguntaram o que eu achava da culinária do chef Keller, falei da intelectualidade e da diversão de sua comida. Ao me perguntarem se eu possuía o livro, orgulhosamente respondi que sim. Mas, quando um francês até então silencioso me perguntou, do outro lado da mesa de madeira, se eu havia tentado preparar algo do livro, fiz uma pausa e admiti que não. "Nem tente as casquinhas", advertiu ele. "Elas quebram."

Ele se referia às casquinhas de salmão, a primeira receita do livro e o primeiro item servido a muitos clientes no French Laundry. O prato é feito para ter exatamente a mesma aparência de uma casquinha de sorvete. A diferença é que a casquinha, que ganhou esse nome por causa do formato, tem um toque adocicado, mas com um sabor certamente penetrante. As sementes de gergelim preto são um toque a mais em sua textura crocante amanteigada. O livro de receitas traz a fotografia de um garçom – na verdade, o tronco e um dos braços de um garçom – levando duas pequenas casquinhas numa bandeja. As casquinhas, embrulhadas em guardanapos de papel, apontavam para baixo, encaixadas em buraquinhos na bandeja. Há *tartar* de salmão com cebolinha polvilhada sobre cada casquinha recheada com um *crème fraîche* de cebola roxa.

Depois de servir a casquinha no French Laundry durante anos, incluí-la no menu do Per Se passou a ser especialmente importante para o chef Keller. A idéia para a casquinha havia surgido em Nova York. Em 1990, ele relutantemente deixara a cidade depois que o Rakel, seu restaurante experimental e bem recebido pela crítica, fechara em decorrência da crise econômica do fim dos anos 1980. Keller tinha um emprego em vista, num hotel de Los Angeles, no qual deveria estrear com um evento beneficente para surpreender a nova clientela. Antes de deixar Nova York, ele encontrou alguns amigos para um jantar de despedida em Chinatown, seguido por um sorvete na Bakin-Robbins, como sempre faziam. Quando o homem atrás do balcão colocou a casquinha no pequeno suporte, Keller teve a idéia. Serviria casquinhas de sorvete no jantar, com *tartar* de atum no lugar do sorvete e uma saborosa casquinha feita com amêndoas moídas em vez da tradicional. Desde então elas vinham fazendo sucesso em Los Angeles e em muitos jantares (embora ele agora as sirva com salmão, em vez de atum); a casquinha tornou-se seu prato mais famoso.

Alguns dias depois de nossa conversa sobre as casquinhas, o francês de sorriso malicioso me ofereceu um emprego como cumim no Per Se. Aceitei a função sem ter a menor idéia do que ela envolvia. Teria aceitado mesmo que fosse só pelo mês de treinamento. Com exceção de freqüentar uma escola de gastronomia ou me matricular num curso intensivo para mordomos, não podia pensar em lugar melhor para aprender sobre comida e atendimento. A opção de desviar meu caminho atual para a vida acadêmica, o mercado editorial ou o jornalismo ainda me rondava, mas estava longe de ser tentadora. Havia começado a participar de workshops de redação uma vez por semana, mas ainda não escolhera o tema que abordaria. Naquele momento, trabalho e estudos eram dois reinos distintos. Não tinha idéia de onde nenhum dos dois me levaria; então, por ora, planejava ficar bem atenta e fazer anotações.

Cerca de um mês depois de ser entrevistada, o restaurante ainda estava em obra. Por esse motivo, o treinamento foi realizado no hotel Hudson, que ficava no fim da rua. Foi um mês de janeiro de muita neve e, antes de entrar na imensa sala de reuniões onde o treinamento começaria, esperei junto a alguns rapazes da Califórnia, que tremiam de frio, para guardar nossos casacos e botas. Um número bem expressivo de membros da equipe do French Laundry, tanto da cozinha quanto do salão, veio ajudar a abrir o Per Se. Muitos ficaram em apartamentos que a empresa alugou na rua Cinqüenta e Sete, num prédio com o qual eu ficaria muito familiarizada nos meses seguintes.

A gerente geral, Laura Cunningham, e o enólogo, Paul Roberts, estavam junto à porta e se apresentaram oficialmente. Reconheci os dois de uma festa em que trabalhara como garçonete semanas antes. Ela era alta e magra, com cabelo comprido escuro puxado para trás num rabo-de-cavalo elegante e impecável. Porém, o mais marcante nela eram os olhos azuis intensos, que me fizeram suar na noite da festa e agora começavam a causar o mesmo efeito. Ela apertou minha mão e disse um olá silencioso antes de Paul afirmar:

– Essa é a gerente que não abre a boca! – provocou ele.

A sala era um mar de ternos, cada maître, garçom e cumim tentando ostentar sua melhor imagem, cada cozinheiro vestindo terno e gravata, provavelmente a única vez no ano inteiro. Quando entrei naquela sala, não procurei pelo chef Keller, nem percebi que não estava vestida à altura, com minha calça de trabalho amassada e um cardigã. Só vi a proporção dolorosa de minha presença feminina única junto ao grupo de jovens cozinheiros. Foi encorajador.

Sentei-me num lugar vazio ao lado de um louro bonitinho, e batia meus cílios alegremente conforme ele me contava que se mudara havia pouco tempo para Nova York e tinha planos de em breve abrir seu próprio negócio, em sua cidade, na Califórnia, depois de mais ou menos um ano. Com a namorada. Era exatamente isso que eu merecia – e eu sabia. Voltando a atenção para o trabalho, olhei pela sala, procurando o chef Keller.

Recordo o primeiro discurso que o chef fez para nós. Lembro, em parte, porque eu estava fazendo anotações, como uma boa superempreendedora, e, em parte, porque o discurso ficaria melhor se fosse intitulado "Os maiores sucessos de Thomas Keller". Uma vez, fui a um show de Willie Nelson numa feira estadual e não pude acreditar na minha sorte quando ele tocou seus maiores sucessos, um após o outro. Na verdade, literalmente todos estavam no disco *Super Hits*: "On the Road Again", "My Heroes Have Always Been Cowboys", "Georgia", "Always on My Mind". Enquanto eu cantava com ele e dava colheradas numa torta de massa frita, fiquei pensando em quantas vezes ele teria cantado essas canções. Quando ele queria que cantássemos o refrão, erguia a mão direita, fingindo atirar, e apontava para o céu, permanecendo assim até que voltasse a precisar da mão. Não sei como Thomas se sentiria com a comparação, mas corre um boato de que ele é um grande fã de Lyle Lovett. De qualquer forma, ele passou por todos os pontos fortes, sobre os quais eu havia lido no livro de receitas e em entrevistas, e ficou claro que ele tinha tanta paixão naquele instante quanto na primeira vez que pronunciara as palavras. Ele falou de seu herói, Fernand Point, um chef três-estrelas no *Mi-*

chelin, que faleceu em 1955, e a quem muitos consideravam o pai da gastronomia francesa contemporânea; contou uma história sobre o preparo do molho *hollandaise* ter lhe ensinado a ser paciente e como matar um coelho o fizera aprender a respeitar seus ingredientes; e introduziu a lei da diminuição das repetições àqueles que, ao contrário de mim, não haviam passado a noite anterior babando sobre o livro de receitas. A lei em sua forma mais simples: mais é menos.

Faz-se muito estardalhaço a respeito da celebridade dos chefs e sua presença nas cozinhas. Obviamente, é impossível para os chefs que administram muitos restaurantes estar em suas cozinhas o tempo todo. Mas, pelo que vejo, isso não é necessariamente um problema. Os chefs são visionários e líderes, porém, abaixo deles, há uma equipe altamente qualificada de cozinheiros que, espera-se, sejam tão bons ou melhores do que os chefs na administração da cozinha. Em alguns anos, esses homens e essas mulheres passarão a ser as celebridades punidas por não estarem em suas cozinhas.

O chef Keller planejava passar os primeiros meses treinando a equipe do Per Se, supervisionando a inauguração. Durante esse tempo, o French Laundry passaria por reformas. Depois que tivesse certeza de que o Per Se poderia funcionar sem problemas, ele voltaria para a Califórnia e reabriria o French Laundry. A partir daí, dividiria seu tempo entre os dois restaurantes, enquanto também tomaria conta de seu bistrô recém-aberto, o Bouchon, em Las Vegas. Você verá que isso não foi exatamente o que aconteceu.

Ao fim do nosso primeiro dia de treinamento, ocorreu-me que, se eu fosse ligeiramente cética, acharia aquilo tudo um tanto messiânico. Havia filosofias, leis, uniformes, rituais elaborados, um código silencioso de honra e integridade e, mais importante, um líder poderoso. Mas não sou cética; e me encantei. Fiquei ali sentada, avidamente anotando no caderninho, que levara para essa finalidade, sentindo-me orgulhosa por ser uma das escolhidas. Eu não sabia praticamente nada sobre vinhos e talheres de peixe e me sentia falsa ao pronunciar a terminologia da comida francesa (apesar de minha recente visita à França, eu ainda preferia apontar e murmurar ao pedir croissants). Ao menos eu sabia que estávamos todos começando do início e tínhamos o mesmo objetivo: *finesse*.

Infelizmente, havia poucas pessoas em minha vida que seriam receptivas a esse evangelho específico. Nenhum dos meus amigos ou familiares sequer entendia por que eu estava tão empolgada com outro emprego servindo mesas, e a única pessoa que eu conhecia da equipe era alguém com quem eu tivera a má sorte de ter trabalhado anteriormente. O cara era um caso raro: um ator que adorava o ramo de restaurantes e estava dando um tempo na carreira para se dedicar a servir mesas. Infelizmente, pode-se afastar o ator da interpretação, mas não é possível eliminar a interpretação do ator, e vê-lo explicando o menu com a pompa de um rei me fez sair correndo do salão em várias ocasiões. Eu preferia mastigar papel-alumínio. Então, lá estava eu, sozinha nessa. Poderia assistir ao filme *A festa de Babette* novamente, ou podia mostrar àquela pequena voz em minha cabeça do que eu era capaz – a voz que ficava sussurrando "Nem tente as casquinhas. Elas quebram".

QUANDO VOLTEI PARA CASA, dei uma olhada na lista de ingredientes: farinha de trigo, açúcar, sal, manteiga, ovos, gergelim preto. Olhei a farinha, para ver se ainda estava na validade. Ótimo. Não tinha gergelim, mas isso não parecia imprescindível. Minhas casquinhas não teriam vergonha de sua nudez. "Casquinhas Antes da Queda", assim eu as chamaria. Também achei que poderia usar sal comum de mesa, em vez de sal *kosher*. Que diferença poderia haver entre eles?

A receita pede um estêncil vazado circular, seja lá o que for isso. Procurei um substituto em meus armários, finalmente optando por uma embalagem de *homus* que estava ligeiramente torta, mas bem arredondada. Segui as instruções, cortando o plástico do pote de *homus* com o formato semelhante a um anel vazado. Como eu não tinha uma superfície de silicone freqüentemente usada na elaboração de massas para evitar que grudem, coloquei a minha massa de casquinha numa forma antiaderente, usando o molde de *homus*, o qual tive de manusear com dedos cada vez mais pegajosos. A primeira fornada queimou na metade do tempo estimado de cozimento. A segunda eu fiz mais grossa e deixei menos tempo, mas, quando tentei tirá-la da forma, transformou-se numa massa bege enrugada. Eu sabia que qualquer um para quem ligasse em busca de solidariedade ia querer saber exatamente como aquilo poderia ter parecido interessante para uma mulher sem habilidade e utensílios de cozinha, moradora do quarto andar de um prédio sem elevador do Brooklyn, numa noite fria de inverno. Não era exatamente a receita de uma festa improvisada. Em outros tempos, eu teria ligado para o meu ex-amigo do andar de baixo, pois não havia nada que ele amasse mais do que socorrer uma donzela em apuros, principalmente quando isso significava demonstrar sua força culinária. Desesperada, joguei as casquinhas no lixo, larguei as formas sujas na pia e fui até a esquina atrás de queijo e vinho, minha solução para todos os males. Diego, meu garçom favorito em toda a cidade, me recebeu, como sempre, com seu imenso sorriso de Dick Van Dyke e me serviu uma "coisinha especial" do sul da Itália. Meus conhecimentos sobre vinho precisavam melhorar, mas, por ora, afoguei minhas mágoas indiscriminadamente e pensei em romper com o livro de receitas. Não é você, sou eu – simplesmente ainda não estou preparada para uma superfície de silicone e um molde oco circular.

PELO QUE ME LEMBRO, os dias seguintes de treinamento foram mais administrativos. O diretor de recursos humanos falou sobre os

planos odontológico e de saúde, expressões praticamente desconhecidas para quem trabalha em restaurantes. Havia um plano de previdência privada que, para ser honesta, entra na categoria "Coisas que levei
muito tempo para adotar/entender", logo abaixo de bolsas de mão, salto alto, batom e algumas outras coisas que eu só poderia lhe contar
se nos conhecêssemos melhor. Havia formulários a serem assinados,
mapas do prédio, biografias da gerência e informativos sobre os outros
restaurantes do chef Keller: o French Laundry, na Califórnia, e seus
outros dois bistrôs, na Califórnia e em Las Vegas, ambos chamados
Bouchon. E havia regras. Muitas eram as habituais – não fumar, não
mascar chiclete –, mas algumas chamaram minha atenção.

REGRA Nº 4: Colônias, hidratantes e sabonetes perfumados, loções
pós-barba ou perfumes não devem ser usados durante
o expediente.

Ao longo do ano seguinte houve quem transgredisse essa regra,
que era mais reforçada por nossos colegas do que por nossos chefes.
Se eu teria que me separar de meu desodorante Old Spice masculino
(que eu adoro, inexplicavelmente, quase tanto quanto adoro minha loção de bebê Johnson's), certamente nenhum funcionário ingênuo da
cozinha ia desfilar todo sexy cheirando a almíscar. Isso eu garantia.

O objetivo dessa regra, claro, era assegurar que nada interfe-
risse no prazer do cliente ao desfrutar sua comida e seu vinho. Pela
mesma razão, não havia arte nas paredes, nem música na sala: o
foco era na comida e na sensação à mesa.

Uma conseqüência dessa regra, que discutimos extensiva-
mente ao longo de nosso treinamento, definia quão presentes deveríamos ser ao servir. Quando penso em fragrâncias, imagino uma

francesa provocante num tailleur elegante e com uma echarpe pendurada, deixando uma nuvem de Chanel em seu rastro. Ao contrário disso, o objetivo de um bom garçom é estar presente quando precisam dele, mas também desaparecer quando não for necessário. É difícil desaparecer quando se cheira a Pantene Pro-V. E, quem sabe, talvez a ex-mulher do cliente usasse Pantene. Melhor não arriscar.

REGRA Nº 20: Quando o cliente lhe perguntar onde fica o toalete, conduza-o até lá, em vez de apenas apontar o local.

Compreendo a lógica disso. Detesto vaguear por restaurantes, abrindo armários de vassouras e despensas à procura do banheiro feminino. Mesmo quando alguém diz que é logo ao virar no corredor, à direita, acabo parando na área do café. No Per Se, a menos que estivéssemos segurando pratos, esperava-se que mostrássemos o caminho ao cliente. Em geral, eu os acompanhava até logo depois do bar, porque, pelo menos algumas vezes por semana, os clientes davam com a cara na divisória de vidro da adega; e, se não saíam com o nariz sangrando, certamente saíam com menos dignidade. Depois de vendermos a eles o vinho que havia tomado suas mentes e embaçado a diferença entre ar e vidro, seria injusto deixá-los seguir desacompanhados. No entanto, depois de passada a zona de perigo, eu indicava, no fim do corredor, os banheiros bem sinalizados e, daquele ponto em diante, os deixava por conta própria. Mesmo assim, alguns homens pareciam pouco à vontade, como se eu tivesse a intenção de acompanhá-los até lá dentro para ajudar. Os 18 por cento a mais na conta, senhor, não cobririam isso, eu tinha vontade de lhes dizer.

Alguns de meus colegas de trabalho encaravam essa regra com muita seriedade e conduziam os clientes até o banheiro e lhes abriam a porta. Se você vai levá-los até lá, melhor ir até o fim, um deles me explicou. Isso me deixou muito constrangida. Mas, por outro lado, também sou do tipo de pessoa que fica incomodada quando há funcionários no toalete, ou se tenho de fazer xixi ao visitar o apartamento de alguém.

REGRA Nº 25: Os cabelos devem ter um corte acima das orelhas.
> A. Os cabelos das mulheres devem estar caprichosamente arrumados e afastados do rosto.
> B. Os cabelos de todos devem permanecer da mesma forma que estavam quando foram contratados. (A regra nº 27 explica que o mesmo vale para pêlos faciais.)

De todas as regras, a 25b era a mais fascinante para mim. Começava a compreender o que a gerência queria dizer quando mencionava "imagem". Eles não haviam contratado ninguém com cabelos cor-de-rosa, nem cavanhaque desalinhado, portanto, não iam querer se deparar com alguém assim depois.

Cheguei aos limites dessa regra deixando meus cabelos crescerem e fazendo mechas de diversas tonalidades, mas muitas vezes fui repreendida por indisciplina. "Damrosch", dizia Paolo, o gerente italiano que me entrevistara, apontando com a cabeça para um cantinho privativo, onde ele olhava para os meus cabelos como se estivessem em labaredas, tentando encontrar as palavras certas. "Seus cabelos. Estão esvoaçantes."

REGRA Nº 28: Calçados abertos não são permitidos.

As regras para os calçados masculinos formais eram diretas e fáceis de seguir: tinham de ser de cadarço e engraxáveis. Não foi surpresa que os calçados femininos causassem mais aborrecimentos. Tente encontrar calçados femininos de cadarço que não sejam tênis e não tenham saltos. Isso sem poder ser sapatilhas ou nenhum tipo de sapato aberto de couro. Sapatos estilo boneca e mocassins não tinham cadarço, e botas não eram consideradas sapatos. Fui até a Macy's, onde experimentei os calçados masculinos (imensos para meus pés), tentei me espremer em sapatos de meninos e acabei indo parar no meio do bando de aposentados que compram na seção de sapatos confortáveis, experimentando modelos de solado grosso, disponíveis nas cores azul-marinho e bege.

Aceitando uma sugestão da cozinha, onde a maioria dos chefs calçava uma espécie de tamancos de sola grossa, para dar apoio à coluna e proteger os dedos dos pés, uma das cumins descobriu tamancos com cadarço. Eles eram tão confortáveis que a maioria de nós, uma após a outra, a imitou, e começamos a nos referir aos calçados como "sapatos da mulher branca solteira". Com a frente preta larga e brilhosa e solado grosso, a impressão era de que todas nós parecíamos estar usando limusines nos pés. Agora, pensando bem, sapatos tão horrorosos assim poderiam ser uma forma de controle de natalidade a ser adotada no país inteiro.

REGRA Nº 32: Se você vai se atrasar mais de cinco minutos para o seu turno, precisa ligar avisando – mesmo que tenha de sair do metrô para telefonar.

Essa regra só podia ter sido escrita por alguém da Califórnia. Uma coisa é sair de casa atrasado, mas se você está preso no subsolo, a última coisa que vai querer fazer é sair do metrô e esperar outro aparecer. Se usa a linha G para atravessar a cidade – que é a pior linha da região, porque ela não atravessa a cidade como promete, nem cruza outras linhas para as quais você poderia se transferir –, talvez leve 45 minutos para outro trem passar. Essa regra nunca ia pegar, pensei comigo mesma, e eu estava certa.

REGRA Nº 36: Os membros da equipe poderão participar de eventos do mercado de vinhos realizados no restaurante após a aprovação do enólogo ou do sommelier responsável.

Durante nosso treinamento, tive bastante tempo para observar as diferentes seções. A confeitaria era a mais alternativa, com seus cortes de cabelo arrepiados e inúmeros *piercings*. Mas a equipe de vinhos era a que mais se divertia. Enquanto a gerência parecia muito séria, Paul Roberts comandava um canto do salão com seus três assistentes, e sempre parecia haver alguma piada. Sempre imaginara os sommeliers muito sérios, chatos, velhos, e – em geral – franceses, mas essa equipe parecia ser o oposto disso. Pensei comigo mesma que era necessário refletir sobre essa regra.

DEPOIS DE LER todas essas regras, comecei a pensar sobre minhas casquinhas e imaginei se essa seria uma daquelas épocas da vida em que é importante viver conforme as regras. Preparar suflês e tentar o exame de direção eram exemplos de momentos assim – não que eu tenha tentado algum dos dois. Precisaria de paciência e de uma tigela decente antes de tentar bater claras em neve, e seria preciso um milagre para me colocar atrás de um volante. Havia encontrado um dos poucos lugares do mundo onde é mais conveniente não dirigir, e não via motivo algum para incomodar ninguém, nem a mim mesma.

Quando, alguns meses depois, contei a um dos chefs sobre a minha tentativa de fazer as casquinhas, ele me perguntou como havia sido. Disse-lhe que eu originalmente imaginei poder fazê-las com uma espátula comum e moldar as casquinhas com uma colher ou algo assim, em vez de comprar uma forma. Ao ouvir isso, ele gargalhou, secou as lágrimas dos olhos e voltou a picar sua cebola roxa.

Então decidi que ia tentar preparar as receitas do livro, dessa vez seguindo-as à risca. Pensei em convidar uma ou duas pessoas, mas imaginei que seria melhor aperfeiçoar a técnica antes de me submeter a qualquer constrangimento. A primeira coisa que fiz foi pegar meu cartão de crédito e ir até a Williams-Sonoma, onde comprei as formas de casquinha (US$ 15), uma espátula (US$ 12) e uma superfície de silicone antiaderente (US$ 25). Foram progressos significativos em relação à embalagem de *homus* e a forma comum. Dessa vez, o processo transcorreu com muito mais facilidade, embora eu ainda tenha precisado fazer alguns ajustes à consistência da massa e ao calor do forno (reduzi a temperatura sugerida de 205°C para 190°C). Para cada quatro porções de massa que eu despejava sobre a superfície de silicone, uma ou duas se transformavam em casquinhas. Algumas solaram antes de passar pela fase seguinte no forno, para ficar crocantes. Outras esfarelaram depois dessa parte. Uma fornada queimou e outra precisou ser reaquecida, pois as casquinhas começaram a estalar quando tentei enrolá-las no molde. O livro recomenda que se trabalhe a massa com a porta do forno aberta, no intuito de manter a massa quente o suficiente para o manuseio. Então, me ajoelhei diante do forno aberto e percebi que, apesar de tantos anos de aulas de inglês, não conseguia me lembrar de um só poema de Sylvia Plath.* Fiz cerca

---

* Escritora e poetisa americana que cometeu o suicídio por inalação de gás em 1963. (N. da T.)

de trinta casquinhas, usando um pouco da massa anterior. Com um tempo de cozimento de oito a dez minutos cada uma, e um intenso trabalho de modelagem, essa fase levou cerca de duas horas.

Ao chegar à etapa de montagem, eu já detestava minhas pretensiosas criações cor-de-rosa. Havia comprado um saco de confeiteiro (US$ 10) para o *crème fraîche* na Williams-Sonoma, depois do fiasco da modelagem anterior, para não arriscar preencher as casquinhas com a ponta da faca, conforme o livro indica. De jeito algum eu me arriscaria a rachá-las. Passei duas horas cortando o salmão em cubinhos e misturando o óleo de limão para o *tartar*. Faltava-me a técnica para picar bem miudinho, o que resultaria num *tartar* mais encorpado, mas ele até que parecia estar com uma boa consistência. Milagrosamente, o *crème fraîche* com cebolas roxas saiu perfeito, com a cebola ligeiramente crocante no creme sedoso e salgadinho, mas experimentei algumas colheradas para ter certeza.

Não possuo um porta-casquinhas de prata com um design especial da Christofle, nem tenho um mordomo trabalhando para mim. Antevendo essas falhas, o livro aconselha a encher uma vasilha de salgema, de modo a fixar e servir as casquinhas. Não tinha sal-gema à mão, então tentei fazer isso com arroz e lentilha; acabei com arroz no *crème fraîche*, e o salmão em meio aos grãos de arroz e lentilha. Perdi algumas casquinhas por segurá-las com muita força ao colocar o recheio. E quando recheei a última, as primeiras, tanto quanto eu mesma, estavam se desmanchando e parecendo meio desamparadas.

No French Laundry, e ocasionalmente também no Per Se, um exército de cozinheiros assa as casquinhas em fornos com calibragem perfeita, depois as armazenam, cuidadosamente, em potes de plástico. A cada pedido, algumas casquinhas são colocadas num suporte especial de madeira enquanto são recheadas com *crème fraîche*. Esse exército de cozinheiros molda bolinhas uniformes de salmão perfeitamente picado, sobre as quais o assistente coloca pedaços bem pequenos de cebolinha, cortados mais cedo por algum jovem e ávido estagiário. O assistente enrola cada casquinha em pequenos guarda-napos e as coloca impecavelmente alinhadas numa bandeja de prata, para depois entregá-la ao garçom vestido de Armani.

A única semelhança entre o que acabei de descrever e minha aventura pessoal foi haver o garçom, mas sem o Armani. Exausta, desabei em minha banqueta azul de bar, o único lugar para me sentar em minha cozinha minúscula, e comecei a folhear novamente o livro, tranqüilizada como sempre pela perfeição intocável de cada fotografia, mas agora intimidada pela idéia da habilidade exigida para cada prato. Se o preparo da casquinha parecia assustador, o ovo trufado era aterrorizante. Esse deleite de festas desafia o anfitrião ambicioso a cortar o topo da casca de um ovo, limpar seu interior removendo a membrana tênue que o reveste, preenchê-la com um manjar trufado e uma camada de guisado de trufas negras, e arrematar com uma batata chip como cobertura. Tal batata chip, que teria consumido a metade do dia anterior para ser preparada, é obtida fatiando-se uma batata com um mandolim (US$ 160), posicionando uma cebolinha entre duas batatas chips e assando-as. Novamente, no restaurante, há um chef para realizar cada uma das tarefas.

Mesmo para os que vão desistir dos pratos que exigem maior habilidade, eu refletia da minha banqueta, seria muito difícil capturar a lei das repetições decrescentes do chef Keller, que é a base de seu livro de receitas. O cozinheiro caseiro, mesmo um que tivesse uma mulher disposta e contasse com uma cozinha decente e mais talento que eu, seria desafiado a preparar tantos pratos *à la minute* para um jantar, sem passar a noite inteira na cozinha. Como o chef Keller diz em seu livro, para um mesmo prato pode haver cinco maneiras diferentes de preparar a carne de porco (um dos pratos ele chama de "cabeça aos pés", porque utiliza todas as partes do animal, do focinho às patas). E, no entanto, se o tamanho da porção for aumentado e a quantidade de pratos diminuir, a mágica será perdida. "Para cada prato, há uma quantidade perfeita. Alguns pratos têm de ser pequenos pelo que são: um ovo de codorna é pequeno. Um é o suficiente; dois seriam um exagero."

A idéia de cozinhar ovos de codorna numa fervura rápida, colocando-os sobre pequenas colheres de sopa com o bacon defumado, como solicitado (para um prato chamado bacon e ovos); correr de volta até a cozinha para pegar as ostras num *zabaione* de tapioca e salpicar caviar com uma colher; voltar correndo para tirar os *agnolotti* da panela antes de eles ficarem pastosos; secar o robalo; fatiar o cordeiro; fazer bolinhas de sorvete antes que ele derreta; dar forma à sobremesa, enfeitando, polvilhando e salpicando me deixou sem fôlego. Um cozinheiro que tentasse um feito desses não apenas decepcionaria seus convidados com sua ausência à mesa, mas acumularia uma montanha de louça suja que só equivaleria à montanha de dívidas, igualmente alta, vinda da loja de especiarias (onde miraculosamente encontraria fartura de arruda para o robalo e o *yuzu* japonês).

E quando você pensa que encontrou um prato para inserir num menu normal de festa, você se depara com um floreio final que o derruba: uma guarnição com chips de alho, um óleo de tomilho em infusão, um sal de ervas exóticas. Susie Heller, que testou todas as receitas do livro, menciona em sua introdução: "Se o grau de dificuldade de um prato ultrapassa seu desejo de fazê-lo, por favor, lembre-se de que está tudo bem em fazer apenas parte da receita. A maioria das pessoas, eu imagino, não tentará o preparo da cabeça de porco, mas seria uma pena que qualquer um perdesse o molho Gribiche que a acompanha." Em outras palavras, sinta-se à vontade para refazê-lo numa versão mais simples, mas não espere muito.

Fechei o livro e o coloquei de volta na prateleira. Não foi apenas pelo fato de que eu trabalharia num restaurante e jamais cozinharia, nem porque em minha cozinha não cabia uma mesa, ou nem sequer mais de um convidado. Sabia que jamais voltaria a cozinhar algo desse livro. De volta à pornografia alimentar isso seria "olhe mas não toque", eu pensei. O *The French Laundry Cookbook* estabelece um modelo inatingível, mas esse talvez seja o encanto. Folheei-o novamente até a lagosta aos cinco temperos, sabendo que jamais ferveria aquela lagosta para amanteigá-la, nem chamuscaria um generoso pedaço de foie gras. Não, eu ficaria perfeitamente contente com o queijo quente tostado que faria para o jantar, usando fatias de um pão velho e um queijo questionável. Mas eu ainda podia olhar.

— Dica —

POR FAVOR, NÃO NOS PERGUNTE O QUE *MAIS* NÓS FAZEMOS. ISSO DÁ A ENTENDER QUE: (A) NÃO DEVERÍAMOS ASPIRAR AO TRABALHO NO RAMO DE RESTAURANTES, MESMO QUE ISSO NOS FAÇA FELIZES E NOS PROPORCIONE ESTABILIDADE FINANCEIRA; (B) TEMOS TODO O TEMPO DO MUNDO, PORQUE NOSSO TRABALHO É TÃO FÁCIL, E (C) NÃO SOMOS BEM-SUCEDIDOS EM OUTRA ÁREA.

MOSQUITOS NA TORRADA

A tinta fresca e o carpete recém-instalado impediam que explorássemos inteiramente o salão de jantar quando nos mudamos do hotel Hudson para o restaurante. Em vez disso, só conseguíamos vê-lo melhor se nos esticássemos na ponta dos pés. Uma lareira larga com chaminé dividia a parede de janelas com vista para o Central Park. Em cada lado da lareira, em breve, estariam quatro mesas redondas, bem espaçadas. Outras sete mesas ficariam num nível acima, de frente para o salão e o parque, piso ao qual se teria acesso por degraus de mármore no centro da sala. No fundo, passando por um largo portal, uma parede envidraçada revelava uma pequena sala de jantar privativa. O grupo que reservasse essa 16ª mesa possivelmente teria os oito ou dez melhores lugares da cidade, com uma vista livre para o parque. O portal pelo qual espiávamos ficava mais próximo à porta da frente, ao balcão da recepção e a uma segunda sala de jantar privativa. Ao contrário de quase todo o restante do restaurante, aquela grande sala branca, simples e sem janelas estava quase terminada, motivo pelo qual havia sido escolhida como local de nosso treinamento.

Passávamos metade dos dias participando de seminários sobre gastronomia, nos quais toda a equipe sentava-se de frente, em longas fileiras, aprendendo sobre vinagre envelhecido em barris, linhagens de gansos e coisas do gênero. No restante do dia, os chefs se familiarizavam com a cozinha de mais de 460 metros quadrados, enquanto a equipe do salão ficava por perto, para o treinamento de serviço.

Em todas as seções, em vez de memorizar a informação, nossos gerentes nos incentivavam a absorvê-la lentamente. Como o menu mudava todos os dias, e duas vezes ao dia nos fins de semana, era muito mais importante, por exemplo, entender que os peixes vinham antes das carnes, que vinham antes dos queijos, do que saber se o chef usava azeite provençal ou toscano. Acabaríamos aprendendo essas coisas por meio dos ingredientes do prato, mas, por ora, precisávamos do básico.

Absorver o assunto lentamente provou ser algo desafiador à medida que eles distribuíam páginas informativas: o escultor e a data das estátuas visíveis da janela, a metragem do Central Park, a biografia do gerente da sala de jantar privativa. Cada item do mobiliário feito à mão e cada peça do jogo de toalhas de mesa importado ou ladrilho tinha uma história. Quando distribuíram o menu de teste de três páginas, do qual eu compreendi cerca de trinta por cento, quis me ajoelhar no chão – feito de bronze italiano importado – e implorar por piedade. Mas se nos sentíamos intimidados com aquilo, imagine como seria para o cliente que não havia passado por semanas de treinamento. O Per Se e o French Laundry aceitam reservas com sessenta dias de antecedência. Isso significa que os clientes ficam dois meses na expectativa da refeição, antes de entrarem pela porta da frente. Será que estão com os trajes adequados? Usarão a colher apropriada? Pedirão o vinho certo? Precisávamos entender essa ansiedade para deixá-los à vontade.

Quando o assunto era canalizar ansiedade, sempre me esmerava. Até esse ponto, não entendia exatamente o que faria como cumim, e me sentia cada vez mais nervosa. Vamos revisar uma refeição típica. Os clientes entram pela porta de vidro automática, onde são recebidos por um (ou uma) recepcionista e pelo maître. Já sentados, o garçom irá saudá-los, anotar o pedido dos coquetéis ou do vinho e entregar-lhes os menus. O garçom explica o menu, anota os pedidos, vende e serve o vinho com a ajuda do sommelier, assegura-se de que gostaram da comida e entrega a conta, ao fim da refeição. Todo o restante é feito pelo cumim. Ele serve a água, o pão, marca a mesa (o que significa que ele ou ela monta o jogo de talheres para todos os pratos), ajuda a limpar a mesa após cada prato, troca a louça e retira os copos vazios e basicamente administra a mesa. Sem um garçom, a mesa pode começar a afundar; sem um cumim, a mesa vai a pique. Infelizmente, esse profissional é quase invisível para o cliente. É uma função esquecida, e os profissionais que a exercem quase não recebem demonstrações de gratidão, e, embora eu fosse aceitar praticamente qualquer função para trabalhar no Per Se, logo vi que aquilo se tornaria tedioso. Até mesmo os auxiliares de cozinha tinham mais contato com o cliente. Eles passavam metade do tempo observando os chefs montarem a comida nos pratos, e o restante do tempo no salão de jantar, explicando os pratos. A única coisa que o cumim explicava eram os tipos de pão e manteiga – de seis a oito vezes por noite.

Meu primeiro amigo de verdade, Patrick, outro cumim, me fez rir assim que me sentei ao seu lado. Com seu rosto de querubim e sua mecha loura que parecia saltar da testa, ele parecia não ter nem 17 anos. Na verdade, aos 23, já havia gerenciado um restaurante bem conhecido e agora aspirava a trabalhar na seção de vinhos.

– Sei que não devia estar usando tanta loção pós-barba – sussurrou ele para mim, com um sorriso malicioso, quando me sentei –, mas imaginei que seria melhor do que estar com cheiro de destilaria.

Como cumins, cuidávamos da manutenção da mesa, por isso nosso treinamento começou pela arrumação e a limpeza delas. Os maîtres faziam demonstrações detalhadas, que depois praticávamos usando mesas simuladas, ocupadas por gerentes e colegas de trabalho. Depois que cada um de nós realizava o complexo ritual de servir e limpar a mesa, nossa platéia nos avaliava. Um se movimentava devagar demais; outro, rápido demais; um erguia o prato diante do rosto do cliente como se fosse um helicóptero; outro vinha por trás e quase matava o cliente de susto; nos esquecíamos de servir primeiro as damas; fazíamos o cliente se inclinar para trás, o que significa que estávamos posicionados à sua frente em vez de nos movimentarmos em volta dele.

Depois que passamos a dominar o básico, os gerentes passaram a dificultar um pouco para nós. Certa vez, um dos maîtres à mesa se aproximou de Laura, a gerente geral, e pegou sua mão. Quando o cumim chegou para arrumar a mesa, tentou discretamente dispor os talheres passando-os por baixo dos braços dos clientes. Imediatamente, eles soltaram as mãos.

– Você percebeu como acabou de nos interromper? – frisou o maître. – Nada é importante o bastante para incomodar o cliente. – Nesse caso, o cumim deveria ter disposto os talheres do outro lado do prato e deixado as mãos dos clientes em paz. Num exemplo parecido, embora fôssemos instruídos a servir água e vinho pelo lado direito, com nossas mãos direitas, para evitar atravessar a frente do cliente, havia exceções. Em vez de interromper duas pessoas que conversavam, deveríamos servir a água pelo outro lado, a fim de não quebrar o contato visual com um dos cotovelos ou uma garrafa. Laura enfatizou algo chamado "a bolha". Cada mesa tinha uma bolha invisível de espaço particular ao seu redor, de profundidade variável. Era nossa função determinar as fronteiras daquele espaço, de modo a fazer com que o cliente se sentisse bem cuidado, mas não confinado.

Na minha vez de praticar, me aproximei de modo que os clientes pudessem me ver chegando, coloquei os talheres num dos pratos e o tirei por baixo do rosto do cliente, cautelosamente, com o intuito de não passá-lo diante de seus olhos, tomando cuidado para não deixar que meu polegar deslizasse na beira da travessa, depois fiz a mesma coisa com o outro cliente. Achei que fizera tudo perfeitamente, quando um dos gerentes se inclinou ao chão para pegar uma colher de servir molho que ele havia deixado cair de propósito.

– Você precisa saber o posicionamento dos talheres para que perceba se algo estiver faltando – explicou ele.

Um dos cumins ficou perto demais ao entregar a sopa – ou, mais precisamente, o ketchup diluído em água, numa tigela rasa.

– Sinto-me sufocado – reclamou um dos gerentes. – Não deveria sentir seu cheiro. – Lá do outro lado da sala, Patrick cruzou o olhar com o meu e piscou.

Outro cumim ficou longe demais, tendo que se inclinar à frente ao colocar o prato diante do cliente, projetando o traseiro para trás.

– Imagine se eu estivesse sentada numa mesa atrás de você. O que eu estaria vendo neste momento? – perguntou Laura.

Todos participaram do treinamento de garçom, portanto, todos nós tínhamos ao menos uma noção de todo o atendimento. A função do garçom é principalmente conduzir o cliente pelos diversos menus, um ato a que chamamos discursar. O Per Se serviria três menus distintos quando fosse inaugurado: cinco rodadas de porções maiores (uma opção de entrada, peixe, carne, queijo e sobremesa), o menu degustação do chef, com nove pratos, e uma "degustação de legumes". Os garçons precisavam aprender como explicar as diferenças entre os menus e incentivar o cliente a escolher o menu degustação, sem fazer com que ele se sentisse pressionado, limitado ou sem escolha. Esse era o menu mais bem-feito pelo restaurante e, a menos que o cliente tivesse sérias restrições alimentares, seria o que ele mais apreciaria.

Deveríamos evitar usar termos como *assinado pelo chef* ou *escolha do chef*, pois favoreciam certos pratos em vez de incentivar o menu degustação. Em geral, o uso de jargões ou clichês era desaconselhado. Por exemplo, tudo bem desejar "bom apetite" da primeira vez, porém, se o maître, o garçom e o cumim lhe desejarem "bom apetite" a cada um dos nove pratos, é provável que você queira dar uma pisada em seus sapatos lustrosos.

Nada de tratar as pessoas pelo primeiro nome, nada de flertar, de colocar as mãos nas cadeiras, nem de tocar no cliente. O cliente tem a preferência: ele vem primeiro, depois a comida quente e, por último, a comida fria.

Como os clientes nunca deviam precisar pedir algo, as regras determinavam que deveríamos deixar a conta na mesa antes que tivessem a chance de solicitá-la. Isso exigia o máximo de sensibilidade. Se tivéssemos a impressão de que eles talvez quisessem ficar mais um pouco, podíamos adiar a entrega da conta e informar ao maître que poderia demorar um pouquinho. Se parecessem estar com pressa, poderíamos entregá-la logo depois que os últimos biscoitinhos fossem servidos. De qualquer forma, nós a deixaríamos próximo à borda ou no meio da mesa, sem cerimônias ou comentários. Piedosamente, a regra também determinava que o primeiro cliente a entregar um cartão de crédito pagaria. Os garçons odeiam quando clientes os envolvem numa discussão para ver quem paga a conta. Nos dois anos em que eu havia trabalhado no ramo, as pessoas enfiavam cartões no meu bolso, me empurravam de um lado para o outro, tentavam me encurralar num canto do corredor e até me acusavam de discriminação na hora de pagar.

Discutíamos a fundo todos os movimentos feitos no salão, desde o espaço entre nossos pés quando servíamos cada prato (15 centímetros) até a altura em que os pratos deveriam ser carregados (ligeiramente acima da cintura, com os cotovelos formando um ângulo reto). Embora no começo eu tenha me sentido sobrecarregada com tanta informação, imaginando se deveria perguntar como deveria andar e respirar ao mesmo tempo, percebi o motivo por trás de tudo o que aprendíamos, isto é, deixar o cliente à vontade.

Mas havia uma área em que nunca me imaginava à vontade: vinhos. "Robalo com vinagrete de gengibre. Que vinho harmoniza?"

Tinto com carnes, branco com peixes, pensei comigo mesma, conforme as mãos se erguiam pela sala, com exceção das minhas.

"Creio que um vinho branco da Alsácia, ou um Chasselas suíço", respondeu um dos garçons, cuja conversa sobre sua experiência anterior em restaurantes quatro-estrelas eu ouvira furtivamente.

Chasse-o-quê?

Paul Roberts, o enólogo, dava a maioria de nossas palestras sobre vinhos, acompanhado por três subordinados: uma loura afetada com óculos com aros de marfim e dois homens negros, de estatura mediana, ambos com carecas reluzentes e dentes separados. No French Laundry, eles se divertiam com o fato de que as pessoas os confundiam, aproveitando-se para embolsar as gorjetas um do outro ou trocar de mesa para ver se alguém notaria. Depois descobri que a diferença estava na forma de andar. Um deles parecia andar como um pingüim. O outro, André, com suas pernas arqueadas, parecia andar deslizando e, quando estava de jeans e tênis de bico arredondado, parecia um personagem de *Vila Sésamo*; de terno de risca-de-giz, seu caminhar tinha um encanto estranhamente irresistível.

Paul deve ter ordenado que todos os sommeliers subissem e se apresentassem, mas eu só me lembro de André. Ele estava vestindo uma camisa xadrez que me lembrava a toalha de piquenique com a qual eu logo estaria sonhando colocar num cesto, com rosbife malpassado e um queijo de nome impronunciável. Ele poderia levar o Chasselas e aproveitar para me explicar o que era. Em minha limitada experiência com sommeliers, já havia aprendido a odiar as máximas tediosas e os supostos acontecimentos em meu palato. Mas essa equipe de vinhos, em especial André, tinha uma forma criativa de falar sobre o assunto. Eu gostava do fato de ele chamar o vinho de "estrondo", descrevia garrafas como se fossem lingeries da Victoria's Secret (sedoso, macio e sedutor), e afirmava sentir o cheiro de pôneis ensaboados. Ele tinha dois abridores de vinhos rotulados "Musse de Chocolate" e "Bad Mo Fo".

Quando consegui me concentrar novamente, ele já estava falando sobre como começara sua carreira, no Texas, em estabelecimentos muito conceituados, como o McDonald's e a Red Lobster. Comecei a prestar mais atenção. Até então, eu só tinha conhecido um bando de garçons de carreira nova-iorquinos que tinham consciência de que sabiam de tudo, uma turma de formandos da escola de culinária que recentemente ouviram alguém lhes dizer que sabiam tudo, e poucas pessoas como eu, que se mantinham em silêncio por saber muito pouco. André não se encaixava em nenhuma dessas categorias. Ali estava ele: do Texas, terra da carne e da tequila, um homem negro no mundo dos homens brancos, velhos e que só se interessam por vinhos, com um currículo que poderia ser usado contra ele. Adivinhando a pergunta em minha cabeça, ele logo explicou que se interessara por vinhos como um meio de aumentar seus ganhos como garçom, mas eu desconfiava de que tinha mais coisa nessa história. Depois de alguns meses de leitura por conta própria, ele decidiu testar seus conhecimentos e entrou numa competição de vinhos. E venceu. Depois venceu de novo. E depois foi para a final, em Miami, e venceu mais uma vez. Nessa época, ele abordou Paul Roberts, o único mestre sommelier do Texas, o mais alto nível de excelência entre os profissionais de vinho, e disse a ele que queria um emprego. Coincidiu de Paul estar se mudando para a Califórnia para trabalhar no French Laundry e depois abrir o Per Se, e precisava contratar alguns sommeliers para o restaurante novo. Será que André poderia estar na Califórnia dentro de algumas semanas, para começar o treinamento? Ele foi.

Depois de alguns dias de treinamento, algumas das cumins, auxiliares e chefs estavam no vestiário feminino experimentando os uniformes e se lamentando sobre os sapatos engraxáveis de cadarço.

– Quem é aquele sommelier sexy? – perguntei, embora tivesse ficado claro, em meu tom, que eu sabia perfeitamente quem ele era e estava só sondando.

– Meu namorado – ouvi uma voz vinda de trás de mim responder, e me virei para ver que era Leigh, uma das mulheres que eu vira trabalhando no bar. – Há sete anos.

Êpa. Bom, tudo bem, havia outros em quem eu estava de olho.

A única área profissional a qual eu compararia o cenário de namoro dos restaurantes é a do teatro. O romance com o ator/colega de palco termina quando a peça sai de cartaz, ou quando o garçom se muda para outro restaurante. Então virá a próxima peça ou restaurante, com outra equipe de belos e jovens atores, com tempo sobrando e aspirações profissionais facilmente colocadas de lado para tomar uma cervejinha ou seis. Meu primeiro emprego, como cumim, veio por conta de um amor de infância sobre o qual já contei – ele me deixou pela parceira com quem estrelava. Nosso primeiro beijo, aos 17 anos, aconteceu enquanto preparávamos biscoitos de aveia e passas. Daí em diante, a maioria dos meus casos amorosos se relacionava à comida, de um jeito ou de outro. Teve o sous-chef mexicano que me seduziu em Coney Island depois de uns cachorros-quentes e seis cervejas. Em seguida tive um relacionamento com um cumim, uma relação totalmente baseada em almoços em restaurantes cujos jantares não podíamos pagar. Ele era muito meigo e atraente, mas também era republicano e ex-fuzileiro naval, e assistia a futebol americano na televisão. Não deu certo por uns quatro motivos.

Depois de ter trabalhado com uma porção de artistas que viviam de macarrão instantâneo, eu estava me sentindo um peixinho bem miúdo no Per Se – uma sardinha de pele branca, talvez. Metade da equipe viera do French Laundry para passar alguns meses e nos ajudar a abrir o restaurante. Para mim, isso significava que, apesar de serem muito amistosos, eles sabiam tudo e, por isso, intimidavam muito. Milagrosamente – e eu digo isso por mal ter sobrevivido às perversas panelinhas do colégio em que estudei –, me tornei amiga de alguns dos rapazes da Califórnia. Depois do treinamento, passamos a ir até o Kennedy's, um *pub* irlandês que ficava na esquina. Mais tarde, mudamos para o Coliseum, que era meio quarteirão mais perto (depois de setenta horas em pé por semana, isso faz diferença), e nos tornamos uma espécie de placa de Petri para qualquer coisa que fermentasse. Ou, em muitos casos, que procriasse.

Para alguns de nós, a camaradagem nos distraía um pouco, mas ela também nos ajudava a trabalhar juntos. Quando o serviço fluía de forma impecável, nós o chamávamos de "a dança". Nesses momentos, havia certa graça em nossos movimentos, uma sensação de levitação, nos tornávamos conscientes de nossos corpos em relação uns aos outros e a nossos clientes. Durante os meses de treinamento para a abertura do restaurante, não apenas aprendemos os tipos de taças e nomes das raças de vacas que produziam o leite do qual nossa manteiga era feita, mas fomos treinados por uma especialista em dança do século XVIII. Numa tarde, no hotel Hudson, aprendemos a caminhar, a ficar de pé e a nos curvar como damas e cavalheiros. As damas eram ensinadas a parecer reservadas e demonstrar cortesia. Os cavalheiros aprenderam a ficar eretos, com um pé à frente do outro e a mão oposta no punho de uma espada imaginária. À época parecia um absurdo, mas, na verdade, muito daquilo foi bastante útil. Ao segurar dois pratos quentes de *calotte de boeuf* da Snake River Farms com tutano crocante e rissole de batatas-miúdas, era preciso ter sabedoria para mantê-las no centro de gravidade, o que foi ensinado no treinamento de mesura, de modo a não deixar que as batatas saíssem rolando pelo prato, fazendo jus ao nome.*

Quase no fim daquela aula, no Hudson, nossa instrutora nos dividiu em duas longas filas e nos levou até um arranjo de penas multicoloridas.

– Normalmente eu daria as penas só para as damas – explicou ela, enquanto as distribuía –, mas vamos ter que dar um jeito. – Entre os cinqüenta funcionários presentes, havia umas seis ou sete mulheres.

– O objetivo desta dança é pensar sobre dar e receber – disse ela, apertando o *play* em seu pequeno gravador. Uma batida lenta começou a tocar nos pequenos alto-falantes, uma batida com a qual aprendemos uma dança bem simples: dar um passo na direção de nosso parceiro e lhe entregar a pena, dar um passo para trás e nos curvar, pegando a mão dele, dando a volta, recebendo a pena novamente e dando um passo para retornar à fila.

– Vocês estão começando a ter a sensação do espaço de cada um? – perguntou ela. Alguém espirrou.

À medida que a dança prosseguiu, ficamos mais à vontade uns com os outros, fazendo algazarra e brigando pelo acessório.

– Fui depenado!

– Devolva-me essa pena ou serei obrigado a desembainhar minha espada!

QUANDO ABRIMOS O restaurante, estávamos munidos de saca-rolhas e canetas Mont Blanc, em lugar das penas e espadas de brincadeira, mas precisaríamos de mais do que isso para sobreviver no

---

* Brincadeira com o nome das batatas em inglês, *marble potatoes*. *Marble* também significa bolinhas de gude. (N. da E.)

salão. Também havia o menu e a carta de vinhos com os quais precisaríamos lutar.

Digamos que dois clientes, o sr. e sra. Bichalot, tenham acabado de se sentar à mesa 5 e escolheram o menu degustação do chef. Felizmente, aceitaram nossa sugestão de champanhe antes do primeiro prato, uma saborosa iguaria à base de caviar chamada Ostras e Pérolas. Querer que o sabor do prato prevaleça sobre o do uísque ou algo que igualmente atenue o paladar é esperar demais de ovas de peixe. Os Bichalot criticam as flores (bem *altas*, você não acha?) e a vista (que pena o chef Keller não ter escolhido um andar mais alto), o vazio das paredes (querido, talvez já tenham dado entrada em um empréstimo de obras de arte), até que um garçom surge à esquerda, com algo em que eles não haviam pensado durante anos: uma casquinha de sorvete. A essa altura, eles relaxam e começam a levar toda a experiência um pouquinho menos a sério, porque, em meio a todo esse ritual, alguém fez algo *bastante* criativo.

Quem já possui alguma intimidade com a casquinha de salmão a come nas duas ou três mordidas recomendadas, que combinam muito bem a casquinha, o *crème fraîche* e o salmão. O sr. e a sra. Bichalot, entretanto, são "desafiados" – como os cumins descrevem qualquer um que coma uma casquinha de sorvete de garfo e faca. Agora a mesa deles tem de ser refeita com novos talheres e pratos e, possivelmente, uma nova travessa de pães, caso tenham deixado o papel ou a pontinha da casquinha ali. Talvez até seja necessário passar o removedor de farelos, caso sementes de gergelim ou as migalhas de casquinha tenham se espalhado sobre a toalha. Ser desafiado pela casquinha é o primeiro sinal de perigo para um cumim. A próxima coisa que se verá será os dois pedindo água metade comum, metade gasosa, querendo que as cortinas sejam abaixadas por causa do pôr-do-sol, e subitamente se tornarão vegetarianos assim que chegar o primeiro prato de carne.

Os Bichalot, tendo terminado de devorar suas casquinhas, agora terão a mesa limpa e arrumada com colheres de madrepérola, com as quais irão comer seu caviar. "Mas que alívio", a sra. Bichalot confidencia ao sr. Bichalot – utensílios de metal, como eles bem sabem, podem dar um gosto metálico ao caviar. Se, no entanto, o chef decidir dar-lhes um tratamento VIP (por exemplo, se o sobrinho do sr. Bichalot for o corretor de ações da vizinha da irmã da mãe do chef ou se eles próprios forem do ramo de restaurantes ou funcionários do Per Se ou do French Laundry ou um jornalista importante ou um político), o casal terá apenas começado a experiência com os canapés quando o cumim murmurante limpar os farelos da mesa (com um limpador de prata italiano que parece um lingüeirão).

Pode acontecer de a cozinha servir a cada cliente à mesa uma versão diferente do mesmo prato, por exemplo, quatro tamanhos de sopas ou *sorbets*. Ou servirem um prato a dois clientes e outro diferente aos demais, ou qualquer outra configuração que torne as coisas empolgantes para um grupo maior. (Há um termo usado para isso no restaurante, mas, se eu lhe contar, talvez você vá até lá e peça, e assim eu teria problemas. Canapés extras são um presente do chef e, mesmo que você esteja disposto a pagar, pedi-los seria como convidar alguém para jantar e dizer a ele que, em vez de uma garrafa de vinho ou flores, você quer que ele lhe traga uma toalha de mesa. Por favor, não faça isso.)

Aqui está uma possível seqüência dos aperitivos VIP:

Sopa: *algumas são consomês leves, outras são cremes, e outras tantas, mais complexas, são veloutés e espumas.*
***Sorbets* salgados (nos meses mais quentes):** *podem ser de beterraba, manjericão, pimentão, coentro, ou até de uma fruta como o yuzu acompanhado de sal molokai, que é um sal preto proveniente do Havaí.*

Caviar: *Ostras e Pérolas é a iguaria mais famosa do restaurante, mas é possível encontrar caviar num* blini *de batata, num* panna cotta *de couve-flor, ostras em conserva,* granité *de maçã ou musse de abacate com azeite de pistache.*

Peixe frio: *Esse realmente depende da época, e pode ser qualquer coisa que varie de caranguejo a ouriço-do-mar.*

Peixe quente: *Novamente, as possibilidades são infinitas. Se também não houver um prato de tempura, este é uma alternativa, mas também há a parte lateral do linguado ou o salmão picadinho (aquele do livro de gastronomia).*

Aperitivos à base de ovos: *Independentemente do cliente VIP, sem dúvida haverá um prato dedicado a ovos e trufas: iguarias cremosas com ragu de trufas, ovos mexidos com* couli *de trufas ou ovos cozidos lentamente com manteiga ligeiramente tostada. Meu predileto, os ovos à la diable sobre torradinhas com recheio de trufas, tem a aparência de lanches típicos de piqueniques e dos petiscos servidos em torradas, com exceção de que a massa é recheada com uma geléia de trufas Périgord e salpicada de glacê trufado.*

Carne: *A cozinha se diverte muito com esse prato, envolvendo carne maturada em tutano frito, fritando algumas asas de codorna ou assando uma pequena crista de galo. Se o restaurante souber que o cliente aprecia miúdos, é bem provável que lhe sejam servidos timo ou miolos.*

De modo a entender a seqüência dos aperitivos VIP, tivemos uma breve aula de introdução à etimologia. No French Laundry e no Per Se, todas as variedades de *amuse-bouches* (literalmente traduzidos como "animadores de boca", ou petiscos), das sopas aos *blini*, são chamadas de canapés. No entanto, isso não está tecnicamente correto. A palavra "canapé" deriva da palavra francesa equivalente a "sofá" e, na verdade, refere-se ao ato específico de depositar uma cobertura saborosa sobre uma torrada ou um biscoitinho, como os pés com pantufas do sr. Bichalot sobre sua *chaise longue*, só que infinitamente mais saboroso.

A palavra pode ser rastreada por uma rota alternativa até o termo grego *konops*, que significa "mosquito". Depois de descobrirem os benefícios do DDT, os gregos passaram a pendurar telas ao redor de suas camas e sofás, no intuito de se protegerem dos *konops*, uma técnica mais tarde adotada pelos romanos. Os gregos referiam-se às cortinas pelo termo *conopeum*, que em latim se tornou *canopeum, canope* em inglês antigo e acabou se transformando no *canopy*. Como os franceses passaram a usar *canapé* para se referir a sofá em vez de a cortina está além de minha compreensão, mas nos apropriamos da palavra em seu uso no inglês moderno e mantivemos seu significado do inglês antigo.

Depois de pesquisa mais extensa (eu sei, eu sei), descobri que os canapés tradicionais começam com uma base de pão, medindo normalmente entre seis e três milímetros de espessura, servidos em forma de triângulo, de círculo, ou em tirinhas, podendo ser fritos, passados levemente na manteiga ou torrados para se obter uma textura crocante. Devem ser comidos em menos de três mordidas, embora uma seja preferível para aperitivos, e não podem ser tão quebradiços a ponto de esfarelarem em peças de alta-costura.

Avisem ao sr. e à sra. Bichalot que já irei atendê-los.

Os canapés fazem parte de inúmeras tradições diferentes. De modo geral, ficam sob o título de aperitivos ou *hors-d'oeuvres*, um termo francês do século XVIII mais tarde utilizado para descrever também culinárias de outros países, com o significado de "fora do trabalho", ou fora do curso comum das coisas, bem parecido com essa minha breve digressão. Em geral, os *hors-d'oeuvres* são servidos no início de uma refeição, com a finalidade de aguçar o apetite. Os canapés têm aparências distintas em diferentes culturas, do *crostini* ou da *bruschetta* italianos ao *dim sum* chinês. Os ingleses chamam sua versão de *savories* (antepastos), embora estes tenham saído um pouco de moda desde o século XVIII – assim como os próprios ingleses –, quando eram servidos antes ou no lugar da sobremesa (os antepastos, não os ingleses), como o prato de queijos na culinária francesa. Uma receita inglesa de 1759 apresenta filés de anchova sobre tiras de pão frito com queijo parmesão e suco de laranja-de-sevilha. Mais tarde, nos séculos XIX e XX, pequenos antepastos assumiram nomes excêntricos como *"angels on horseback"* (ostras fritas enroladas em fatias de bacon e servidas sobre torradas). Os antepastos britânicos existem hoje no que o historiador gastronômico Alan Davidson denomina o verdadeiro "túnel do tempo", que são as boates e os restaurantes nostálgicos de Londres, na obra *The Oxford Companion to Food*.

Admito que fiz uma fração dessa pesquisa sozinha, mas a maior parte veio de materiais que recebemos no Per Se. No entanto, apesar do currículo sério, o chef Keller deixou claro que não levava a si mesmo ou sua comida muito a sério. "Isso não é religião. É comida", declarou ele, numa de nossas aulas. Ou, como um outro amigo do ramo uma vez afirmou, é sombra e água fresca. O tom excêntrico estabelecido com a casquinha de salmão prossegue ao longo da refeição. Antes que você tenha a chance de ficar verdadeiramente pesaroso pela passagem da casquinha, chegam as Ostras e Pérolas. Ostras escaldadas na manteiga (geralmente de Island Creek, Bagaduce ou Malpec, dependendo da disponibilidade) nadam num *zabaione* cremoso de sagu, generosamente coberto com caviar (o osetra iraniano, o sevruga russo ou o americano). Os pratos servidos em seguida mantêm um tom divertido e irônico. Macarrão com Queijo é um nome engraçadinho para lagosta com massa *orzo* enriquecida com mascarpone. Sopa e Sanduíche apresenta a sopa da estação, acompanhada de um pequenino brioche com recheio de raspas de trufas negras.

Na maior parte das vezes, depois do aperitivo de carne, os VIPs começam a seguir um caminho semelhante ao dos outros comensais. Como você notou antes, o sr. e a sra. Bichalot passaram da casquinha de salmão para Ostras e Pérolas. Nesse ponto, eles escolhem entre a salada ou o foie gras. O sr. Bichalot realmente não deveria optar pelo foie gras, em razão de seu colesterol – contudo, ele imagina que, só desta vez, um pouquinho de foie gras não fará mal, mas a sra. Bichalot acha repulsivo qualquer tipo de fígado, então irá escolher a salada de palmito com *coulis* de trufas. A isso se seguirá um peixe. Na seqüência, a lagosta, embora entre novembro e abril talvez lhe sejam servidas vieiras. O primeiro prato de carne em geral é de uma carne leve, como codorna, coelho, pato ou porco, ao passo que o segundo apresenta uma carne mais encorpada, com freqüência a de boi, cordeiro ou vitela, mais comumente assada, grelhada ou cozida em fogo brando em panela bem tampada. O prato composto de queijos, uma obra de arte sobre a louça, antecede o *sorbet* e, por fim, vem a sobremesa. Bem, quase por fim. Os *petits-fours* que vêm a seguir são inteiramente opcionais: pequenas forminhas de creme e *crème brûlée*, biscoitinhos amanteigados, *macaroons* e trufas de chocolate.

Durante toda a refeição, nós não apenas montávamos impecavelmente a mesa, mas também servíamos a comida, explicávamos ao cliente o que ele iria comer e retirávamos os pratos a fim de manter o ritmo, sem apressar o cliente, e com freqüência tínhamos que salpicar, raspar, ralar ou dar um toque final ao prato. Por sorte tivemos uma palestra inteira dedicada a condimentos.

Em alguns restaurantes, esta seria uma aula breve: o canapé poderia ser feito de carne de caranguejo sobre uma torrada com um vinagrete asiático e um raminho de algo verde; pimenta, azeite de oliva e fatias de limão, caso solicitados, seriam o máximo de condimentos oferecidos. No Per Se, não. O chef Keller utilizava coisas como sal e limão para intensificar o sabor, mas pensava em azeites e vinagres artesanais como condimentos que devem ser ofertados ao cliente à mesa, por um garçom que apreciava o produto. Nós provamos e debatemos sobre azeites de oliva franceses e italianos (como os franceses colhem as azeitonas mais ao fim da estação, o azeite de oliva francês tende a ser mais adocicado, ao passo que o italiano é um pouquinho mais temperado). Aprendemos a diferença entre a infusão forçada, feita na cozinha, para algo como o azeite de tomilho, freqüentemente servido com cordeiro, e os azeites infundidos na prensa com, digamos, uma raspa de limão. Experimentar o azeite de oliva de Armando Manni, da Toscana, levou a uma discussão sobre os efeitos do ar, da luz e da temperatura no azeite. Ao engarrafar seus dois azeites (Per Me e Per Mio Figlio) em garrafas escuras e anti-raios UV, marcadas com a safra, Manni preserva mais dos fenóis benéficos em seu azeite, o que muitas vezes se perde em azeites genéricos. Também experimentamos vinhos de Banyuls, trufas e vinagres balsâmicos envelhecidos por vinte anos.

Isso seria exagero? Eu poderia dizer que sim, caso estivéssemos simplesmente aprendendo os ingredientes na cozinha. Mas se era para eu servir um vinagre envelhecido cem anos com uma colher de prata, derramando as gotas, uma a uma, sobre os pratos de críticos de gastronomia e astros de cinema, queria saber exatamente o que estava servindo. E isso foi apenas o início da aula do dia. Quando chegamos aos canapés, tivemos de aprender a teoria antes de passar à parte prática.

Já bem avançada no treinamento, ainda fazia anotações, as quais tentaria memorizar quando ninguém estivesse olhando. Compreendi por que os pratos aumentavam em peso e tamanho – de algo como uma porção de caviar, no começo do serviço, até paleta de porco assada, mais adiante no menu –, mas, quando perguntada, eu ainda não tinha certeza sobre em que prato de carnes entraria a vitela ou o pato, ou por que o foie gras frio era oferecido juntamente com o prato de saladas, ao passo que se servia o foie gras quente no primeiro prato de carnes. Eu simplesmente teria de confiar que acabaria pegando, mas também havia alguns truques.

Devia ser um sinal da profundidade do conhecimento que ele tinha de todas as seções o fato de ter sido Paul Roberts, o enólogo, quem descreveu o menu para nós – no lugar do chef Keller, ou mesmo do maître. Quando se tratava dos queijos, a maioria admitia, mesmo que apenas para nós mesmos, que ficava perdida. Se alguém me perguntasse a diferença entre o Cabacou e o Chabichou, eu poderia ter desistido de tudo.

– Repitam depois de mim – Paul nos instruiu. – Cabra, vaca, ovelha, azul.

– Cabra, vaca, ovelha, azul – nós ecoávamos, sem parar.

Paul nos conduzia da frente da sala de aula, com um bastão imaginário que eu visualizava como se fosse um *grissino*. George dava a entender que havíamos compreendido. Se algum dia um cliente apontasse um queijo e não lembrássemos se ele era cru ou pasteurizado, com a casca lavada ou envolto em folha-santa, tudo o que tínhamos a fazer era pensar: "cabra, vaca, ovelha, azul", pois eles sempre estariam listados nessa ordem. Então, teríamos ao menos uma coisa a dizer sobre o queijo antes de sair correndo para verificar.

Durante o treinamento de menu, tivemos palestrantes convidados para discutir sobre aves e cogumelos, a diferença entre o caviar iraniano e o russo, as técnicas ideais para a fervura do chá preto, verde ou branco. Era ainda mais inspirador quando os cozinheiros de determinado departamento se sentavam diante da sala e explicavam como chegaram até ali e como exerciam sua função. Em geral, os chefs jovens não têm muita chance de falar para platéias, e Thomas muitas vezes precisava auxiliá-los com perguntas que os direcionavam. Eu já notara que nas cozinhas do chef Keller todos eram chamados de "chef", não apenas O chef. Na verdade, todos que trabalhavam no restaurante, desde o pessoal de reservas até o ajudante que servia o café, eram chamados de "chef". Era um termo equalizador, um sinal de respeito no meio, uma ótima forma de fugir à necessidade de aprender centenas de nomes de colegas. Não que Thomas não soubesse nossos nomes, pois, na maioria das vezes, ele sabia. Era surpreendentemente difícil evitar, e logo comecei a chamar minha mãe de "chef", assim como motoristas de táxi e clientes. Peguei até o hábito de chamar os amigos de "chefia", o que até eu achava irritante. Uma vez, quando chamei um homem com quem estava saindo de "chef", ele ficou irado.

– Quem é Jeff? – indagou ele.

Quando tentei explicar que eu na verdade o chamara de "chef", ele pareceu ficar em dúvida.

– Aposto que você sabe quem é esse tal de Jeff, seu traidor – disse ele para o cachorro sentado ao pé da cama, que eu também chamava de "chef".

Para as pessoas em minha vida que ainda não apreciavam a intensidade desse treinamento, eu simplesmente explicava que num dia nós havíamos experimentado nove tipos diferentes de sal e, em outro, 16 variedades de chocolate. Isso era surpreendente, mas houve uma última parte do menu que me impressionou. No Per Se e no French Laundry, não havia repetição de ingredientes no menu de um cliente, a não ser luxos como trufas e foie gras. Se o pampo levasse amêndoas, a seção de doces teria de pular o *sorbet* de amêndoas que tanto os entusiasmava. Se, em pleno inverno, quando as opções de frutas já são limitadas, houvesse toranja na salada, ela seria descartada dos outros pratos. Quando soube disso, comecei a entender o virtuosismo do menu. Também senti pena dos chefs. Um deles, que trabalhava com queijos, me disse que, no fim da noite, quando todos os chefs se reuniam para planejar o menu do dia seguinte, ele sempre tinha os acompanhamentos perfeitos em mente para determinados queijos. Digamos que ele estivesse planejando uma salada de repolho com cenoura e tâmaras em conserva. O chef da seção de peixes queria ervilhas e cenouras para o preparo da lagosta, o chef da seção de carnes queria tâmaras para o cordeiro e, até que chegassem ao queijo, o pobre chef já estaria no plano D. Sentia pena dele, mas eu já havia experimentado um menu degustação num restaurante maravilhoso especializado em ingredientes da estação, durante a primavera. Havia aspargos em todos os pratos. Adoro aspargos, mas depois da sopa de aspargos, da salada de aspargos e do coelho com aspargos salteados, estava farta do ingrediente.

Por outro lado, tenho certeza de que o sr. e a sra. Bichalot estavam longe de ficar cansados. Falaram algumas palavras sobre o apático sensor de movimento na pia do banheiro e a falta de guardanapos pretos para quem estivesse de terno escuro e do fato de terem esperado durante horas, ao telefone, para conseguir uma reserva, que não dava para entender a porta de correr na entrada, e que havia muitas aspas no menu, mas que, fora isso, havia sido fabuloso. O maître os conduziu até a saída, o ajudante de garçom entrou com uma bandeja de prata grande para retirar o restante da louça e o pessoal do café veio em seguida, para colocar uma toalha de mesa que acabara de ser passada.

Em alguns instantes, a mesa 5 estaria refeita e outro cliente estaria pronto para ouvir sobre as opções de água e pão e receber suas casquinhas de salmão.

Em algum ponto, quase no fim de nosso treinamento, quando começava a me sentir confortável, fomos levados a uma sala de reunião para o primeiro de muitos testes. Absorver lentamente já era. As perguntas variavam da diferença entre as trufas negras e as de verão; a uva de Vouvray; se devemos dourar o osso para o caldo de vitela; a definição de *glaçage* e a minha favorita – que eu ainda não sei responder: "Circule a ÚNICA resposta correta: *cippolini, cipolini, cipollini, cipolinni.*"*

Errei todas, mas a última era uma pergunta cruel e incomum, então não conta.

. . . .

— Dica —

. . . .

POR FAVOR, PERMITA QUE POSSAMOS LHE SERVIR O QUE PEDIU,

DEIXANDO ESPAÇO SUFICIENTE PARA ISSO. DEVE HAVER PELO MENOS 25

CENTÍMETROS À SUA FRENTE, QUE ESTEJAM LIVRES DE:

MÃOS, COTOVELOS, TALHERES, PRATOS DE PÃES, XÍCARAS,

TAÇAS DE VINHO E PEITOS AVANTAJADOS

. . . .

---

* *Cipollini* é a resposta certa. São bulbos de muscari, semelhantes a pequenas cebolas, usadas na culinária italiana. (N. da E.)

FOGO!

Entre o treinamento e a noite de inauguração, vestimos nossos uniformes para um período purgatório conhecido como *soft opening*, ou "para amigos e familiares". Teoricamente, esse prazo nos permitiria resolver qualquer problema em nosso atendimento. Na realidade, nossas cobaias eram os clientes mais informados e críticos: representantes da imprensa, celebridades, freqüentadores habituais do French Laundry, esposas de chefs e gerentes e nossos colegas, que sabiam melhor do que qualquer um quando fazíamos alguma asneira.

Nosso primeiro encontro com o público aconteceu em 4 de fevereiro, numa noite de inauguração de gala, uma festa *black-tie* para o espaço de US$ 1,8 bilhão e 260 mil metros quadrados do Time Warner Center. Em meio ao fervor, houve até rumores de que o presidente poderia nos agraciar com sua presença. Ele não apareceu, mas não nos faltaram fama e fortuna. Políticos, jornalistas, designers, atores, cantores de ópera, *rappers*, escritores e grandes empresários circulavam pela nova estrutura vertical urbana (shopping), enquanto o Cirque du Soleil se apresentava no lobby de vidro abobadado.

Ocorreu que, por acaso, a festa coincidiu com o brilho da semana de moda de Nova York. Bandejas com taças de champanhe eram cercadas por uma multidão de mulheres usando jóias reluzentes e homens com dentes que ofuscavam de tão brancos. As bandejas de doces, no entanto, faziam com que essa mesma multidão recuasse. Fiquei irritada nessa recepção, não porque nós, os garçons, estávamos sendo ignorados – segurando uma bandeja que nem merecia elogios –, mas porque nossos clientes pareciam não notar a comida, o salão, nem mesmo a vista. Quando passei por Patrick, meu colega cumim, a caminho da cozinha, para garantir uma única colher de *tartar* de salmão a uma mulher "alérgica" a laticínios, trigo e açúcar refinado, nós paramos por um instante junto à janela, para olhar a lua. Ela brilhava acima do parque, como uma moeda de ouro.

Naquela mesma semana, um comediante famoso reservou o restaurante para uma festa particular, para a qual convidou cem de seus amigos mais íntimos. Quando ficamos sabendo, na reunião do turno anterior, que, em decorrência de uma alergia grave, o anfitrião solicitara que não houvesse trufas no menu, Patrick se inclinou em minha direção e sussurrou: "Qual é o percentual da população que *sabe* que é alérgico a trufas?" Ele e eu estávamos encarregados dos canapés, servindo copinhos de sopa de couve-flor com *curry*, pedacinhos de bacon defumado em macieiras e bolinhos de arroz com *wasabi*.

No fim da semana, eu estava cansada de segurar bandejas e repetir: "Casquinha de salmão com *crème fraîche* de cebola roxa?" (Embora o grande momento da semana tivesse sido oferecer salmão a um escritor famoso, com o nome bem semelhante ao peixe. Eu me aproximei dele ansiosamente entoando "samão, samão, samão", bem baixinho, para me certificar de não pronunciar o "l", por engano.) Estava pronta para deixar as bandejas de canapés e começar a servir comida de verdade, mas não tinha a menor idéia do que estava por vir.

Na primeira noite de atendimento simulado, tivemos uma mesa e um menu, mas o ritmo se arrastou e nossos pobres amigos e familiares, o júri de um julgamento particularmente tedioso, ficaram presos às mesas durante horas. O ritmo melhorou na segunda noite, porém foi nossa vez de sofrer. Se nossa experiência fosse parecida com a do French Laundry, a maioria de nossos clientes escolheria o menu degustação do chef, com ou sem o nosso incentivo. Parecia-me que, se alguém quisesse porções maiores e um número menor de pratos, havia centenas de restaurantes pela cidade reconhecidos pela excelência nesse tipo de menu. O que fazíamos bem era o menu degustação, com seus sabores diversificados, elaborados para fluir em determinada ordem. Ainda assim, por qualquer que tenha sido o motivo, quando abrimos, a gerência decidiu oferecer um menu com porções maiores. E, no segundo dia para amigos e familiares, acharam que seria bom praticar apenas a seqüência de cinco pratos.

O pior pedido para um cumim, a cozinha e, sem dúvida, os clientes era uma mesa mista, em que todos os menus eram servidos. Em vez de todos eles terem o mesmo prato de peixe (talheres de peixe e colher de molho para todos), um cliente pede o peixe do menu degustação (talheres de peixe), outro pede uma salada de inhame do menu degustação de legumes (garfo pequeno, faca pequena), um não tem nada à sua frente, pois optou pelo menu de cinco pratos (talheres e prato de demonstração), e outro cliente, que pediu o menu degustação do chef mas não gosta de peixe, vai comer uma massa (garfo pequeno, faca pequena, colher). Era um pesadelo para o restaurante e uma experiência desagradável de jantar para os clientes.

Então, quando a gerência decidiu oferecer somente os menus de cinco pratos em nossa segunda noite de serviço, sabíamos que seria a morte. Embora pensássemos que tínhamos tudo sob controle, descobrimos que havia muitas questões com as quais não havíamos nos deparado antes do início do atendimento. Onde estavam as facas de manteiga? Poderíamos deixar a manteiga do lado de fora, ou será que ela precisaria permanecer na geladeira? Não ficaria fria demais? Que quantidade de água seria preciso armazenar para uma noite inteira? Seria contra as regras da vigilância sanitária manter o pegador de gelo dentro da caixa de gelo?

Quando chegamos ao segundo prato, nosso treinamento já tinha evaporado; o atendimento já era questão de sobrevivência, não *finesse*. Mantive em minha gaveta de talheres a folhinha em que anotei todas as marcações, mas ainda estava confusa quando cheguei à mesa. Seria sopa, sopa, salada, massa ou salada, sopa, massa, sopa? Enquanto isso, ficamos sem garfos e tivemos que ir para a seção de louça polir mais talheres, enquanto nossos clientes ficavam sem água e pão, e eu me esforçava para me lembrar de relatar isso a quem quer que os tivesse convidado.

No ramo de restaurantes, há uma expressão para quando o movimento é tão grande que o profissionalismo, a paciência e a graça se transformam em histeria, caos e mau humor. Dizemos que o caldo entornou. A noite dos cinco pratos infernais foi a minha primeira experiência de caldo entornado no Per Se. Eu havia acabado de deixar os talheres em dia e estava prestes a oferecer mais pão a alguns clientes que haviam perguntado por ele dois pratos antes, quando meu garçom desviou o olhar para uma mesa que precisava ser limpa. Larguei o cesto de pão, amaldiçoando-o baixinho. Quando fiz a curva, saindo do raio de visão do salão de jantar, ele empilhou seus pratos sobre os meus, dizendo que precisava ficar junto à mesa o tempo todo. Para quê? Para puxar o saco da esposa do gerente geral ou completar taças cheias de vinho? Entrei feito um raio na sala de louça, soltei os pratos ruidosamente e comecei a tacar os talheres dentro de cada reservatório específico com sabão.

— Vá com calma, chef – disse uma voz, baixinho, à minha direita.

Era o chef Keller. Aparentemente, ele tinha entrado ali para ajudar o lavador de pratos, que também havia entornado o caldo. Só tive tempo para ficar constrangida, sair correndo de volta à minha seção e verificar o prejuízo. Logo depois o chef Keller mandou vir de avião o responsável por supervisionar a lavagem de louças do French Laundry, a fim de treinar a nova equipe.

Em grande parte, a empolgação da inauguração desviou meus pensamentos de quão exausta e ansiosa eu estava. Mal notei o suor em meu uniforme retangular, o laço ao redor do meu pescoço, ou o fato de que não tivera a chance de ir ao banheiro por mais de seis horas. Em algumas semanas, tinha dois dias de folga, um para ir à faculdade, outro para dormir. Porém, com freqüência, o dia da minha aula caía no meu dia de folga. Por sorte, tivemos uma noite de mimos, em meio ao pandemônio.

Cada um de nós tinha algo pelo que muitos nova-iorquinos matariam: uma reserva no Per Se. Ao longo de duas noites, os gerentes encaixaram cada funcionário em um grupo e um horário, e os instruíram para que aparecessem em trajes apropriados. A equipe foi dividida em dois grupos; enquanto metade jantava, a outra metade trabalhava. Fiquei no salão para o primeiro turno, e Paul Roberts estava em minha seção, o que significa que não houve pressão e que todos nos divertimos. Na noite seguinte, dei sorte novamente. Em meu grupo de seis havia um maître e recebemos tratamento VIP. Felizmente fiz anotações durante e após a refeição, porque, com um tipo de vinho a cada prato servido, jamais teria me lembrado de coisa alguma depois do sexto canapé. Coloquei estrelas ao lado dos pratos que adorei: Ostras e Pérolas (um sentimento compartilhado pela maioria dos meus futuros clientes), a lagosta com *coulis* de ervilha inglesa e *morel*, e a degustação de cordeiro, com destaque para a paleta de porco cozida e o lombo assado, as favas e o *chanterelle*. Numa folha separada, registrei minhas observações com muitos pontos de exclamação.

Ingrediente repetido! A faca de peixe não corta! (Parecia que minhas exclamações aumentavam, de acordo com meu consumo de vinho.) O André é demais!!!

Depois das festas, dos jantares com familiares e amigos, e das refeições entre colegas de trabalho, estávamos prontos para começar a trabalhar. Seria um alívio servir o tipo de cliente disposto a ouvir, durante horas, a mensagem gravada pelo atendimento de reservas. E foi. Eu adorava suas perguntas sobre o preparo dos pratos, os ingredientes, nossa equipe, a lareira – fiquei aliviada em saber responder a elas. Ninguém perguntou a área do Central Park. À medida que a primeira semana chegava ao fim, eu realmente tinha boas expectativas quanto ao meu futuro no restaurante.

EM NOSSA PRIMEIRA noite de sábado, os chefs se apressaram em terminar o *mise en place* do grande movimento da noite; os garçons, depois de passarem as toalhas e arrumarem as mesas, discutiam sobre que vinhos harmonizavam com que pratos; os cumins praticavam "o discurso" do prato de foie gras. Entrei numa discussão inflamada com Patrick sobre que talheres usar para o *potage parmentier*. Tecnicamente, isso era uma sopa, para a qual deveria ser usada uma colher, mas Patrick achava que as fatias crocantes de batata Princess La Ratte pediam uma faca, o que, em nome da simetria, concordamos que significaria que precisariam de um garfo também.

– Está enfumaçado aqui? – alguém perguntou casualmente. Isso provocou várias cotoveladas em Michael, um ex-cozinheiro e atual garçom, cujos seis anos de empresa lhe deram o privilégio de tomar conta da lareira no salão de jantar. Ele dividia a função com o maître e os gerentes, que silenciosamente competiam entre si para ver quem conseguia obter a maior labareda. Depois que um deles acrescentava uma tora, outro passava e cutucava.

– Agora, sim, isso que é fogo – ouvi-os dizendo, baixinho, em mais de uma ocasião.

Durante o treinamento, fiquei sabendo que a lareira do Per Se exigiu muito lobby, pois era a primeira há anos a ser permitida num espaço comercial em Manhattan. A extensa politicagem deve ter valido a pena para o chef Keller, que queria trazer o toque caseiro do French Laundry para a cidade. Ele já tinha trocado a horta de ervas pelo Central Park e uma pequena casa de madeira por um espaço de quase 4 mil metros quadrados no prédio da Time Warner; diziam que apenas a sua parte teria custado US$ 12 milhões. O Per Se abrigava outros elementos do French Laundry, como as portas azuis da frente, o toque de carvalho australiano, os menus semelhantes e boa parte de sua equipe da Califórnia, mas a lareira era o coração do salão de jantar.

Michael me contou depois que, quando começou a sentir cheiro de fumaça, foi até os escritórios, nos fundos, onde os gerentes estavam em reunião.

– Thomas, tem fumaça de mais no restaurante – ele se lembra de ter dito.

Naquele momento, a atenção deles estava voltada para o atendimento daquela noite. Depois da semana do pessoal da moda, viera uma onda de fãs de gastronomia dados à fofoca e o pessoal da imprensa ávido pelas críticas. Não era de admirar que a gerência estivesse alheia à fumaça que agora invadia o restaurante. Só depois que outro empregado entrou correndo para dar a mesma notícia é que eles seguiram Michael até o salão de jantar.

Nem era preciso ir até o salão, no entanto, pois uma olhada era suficiente para perceber que a fumaça não estava vindo da lareira, mas da parede atrás da seção de corte de peixes. Alguém ligou para os bombeiros e os gerentes se concentraram em retirar todos de lá. Primeiro eles nos conduziram até o corredor que ligava os fundos do restaurante ao quarto andar das lojas do Time Warner. Ignorando a origem do fogo, desconfiamos de alguma complicação com a lareira, ou de uma fornada de brioches queimados, e recomeçamos a testar um ao outro sobre a lista de chás e ensaiamos o discurso do "*torchon de foie gras com frutas de inverno temperadas*", e a tentação de chocolate, avelã e leite.

— Quais são mesmo as frutas de inverno? – perguntou um dos cumins.

— Damascos, tâmaras, maçãs e figos.

— E o Julio. Não se esqueça dessa fruta!

— Muito engraçado – disse Julio.

Depois de alguns minutos no hall, um dos gerentes passou pela porta e anunciou que deveríamos nos dirigir calmamente para o primeiro andar. Os chefs com seus aventais azuis e os garçons em ternos pretos lotaram as três escadas rolantes, mas só alguns olharam para cima, através da vitrine da livraria. Várias pessoas bem-vestidas, que faziam compras, pararam para perguntar sobre reservas, mas, em geral, os nova-iorquinos fizeram o que geralmente fazem em relação a qualquer coisa fora do comum: passaram direto sem notar. Há uma razão para que o caubói pelado passe seus dias no Times Square repleto de turistas: ele seria ignorado em qualquer outro lugar da cidade. Como não havia alarme e os carros dos bombeiros ainda estavam por chegar, o grupo de profissionais da cozinha reunido em frente à loja Williams-Sonoma mais parecia participantes de uma grande demonstração gastronômica do que vítimas de um incêndio. Apenas quando os bombeiros chegaram é que nos demos conta da realidade.

— Você acha que dá tempo de eu pegar uma vitamina?

— Sem chance de abrirmos esta noite.

— Droga, deixei minhas coisas no guarda-volumes.

— Aposto que o T.K. vai querer afundar com o navio – brincou um dos garçons trazidos do French Laundry. – Esse prédio vai lamber em chamas e ele vai ter de sair arrastado da cozinha.

Isso causou uma onda de gargalhadas e acenos de cabeça, mas o grupo estava ficando mais sério. As pessoas começaram a olhar em volta para ter certeza de que todos estavam ali.

– Onde está Michael?

No fim das contas, Michael, que estivera preocupado que seu uso excessivamente entusiasta dos gravetos pudesse ter sido a causa do fogo, ficou no restaurante para ver o que podia fazer. O garçom do French Laundry estivera certo: o chef Keller se recusava a deixar a cozinha. Enquanto a fumaça tomava o recinto, ele permaneceu em pé na pesada mesa de aço inox, no meio da cozinha, conhecida como o passa-pratos. Durante o atendimento, era ali que o chef e seus sous-chefs anunciavam os pedidos e montavam os pratos. O passa-pratos era a linha de frente; de um lado, um exército de cozinheiros; do outro, um exército de atendentes. Se algo de errado acontecesse em algum dos lados, era ali que as coisas ficavam feias. No entanto, naquele instante, as coisas realmente tinham ficado feias.

– O Per Se está pegando fogo – o chef Keller supostamente teria avisado a várias pessoas pelo celular, parando somente para xingar e rediscar. Ele só largou o telefone quando um bombeiro subiu em seu fogão de US$ 250 mil e ergueu um machado sobre a cabeça.

– Aquele instante ficará para sempre gravado em minha mente – relembrou o chef Keller mais tarde, numa reunião com a equipe. O bombeiro havia ficado ali, aguardando o sinal do garçom, explicaria o chef. Quando o machado desceu sobre a parede e as chamas voaram para fora, ele soube que aquilo não seria um pequeno revés.

Para nós, que estávamos esperando lá embaixo, a notícia do fechamento naquela noite foi como um balde de água fria. Subimos novamente pela escada rolante para pegar nossos pertences, que estavam em segurança no vestiário do segundo andar. Sem saber a extensão do prejuízo ou o que isso significaria para nossas vidas e nossos contracheques, concordamos que a melhor coisa a fazer seria ir até o outro lado da rua para tomar uma cerveja.

Dias depois, numa reunião de equipe, fomos instruídos a não deixar a cidade, porque o restaurante poderia ser aberto a qualquer momento. Então, durante dez semanas, aqueles que prestaram alguma atenção à ordem ficaram dando um tempo na cidade. Alguns dos chefs passaram um tempo em cozinhas de outros restaurantes, refinando suas técnicas. O pessoal de reservas conseguiu mesas para os clientes em outros restaurantes ou remarcou as reservas feitas no Per Se. A equipe do salão de jantar passou por um tipo de curso por correspondência, envolvendo testes diários. Mas isso exigia muito tempo, e a maioria de nós assumiu outros desafios. Alguns encontraram empregos temporários, outros foram estudar. Saí da cidade por um fim de semana prolongado e depois ingressei numa seqüência de casos desastrosos.

MEU IRMÃO, SAM, e minha cunhada haviam acabado de ter a primeira filha, e eu duvidava de que uma chance de conhecê-la voltaria a surgir depois que o restaurante reabrisse, então liguei para minha família em Vermont e avisei que estaria lá em alguns dias. Quando minha mãe me pegou no aeroporto, ela parecia distraída, mas imaginei que fosse por ter se tornado avó. Quando ela me deixou na entrada da garagem da casa do meu irmão, comecei a ficar desconfiada. Meu pai estava me esperando do lado de dentro. Depois de uma rápida apresentação à pequenina e perfeita Sophie, meu pai comunicou que, depois de trinta anos, ele e minha mãe estavam se separando. Havia outra?, eu quis saber. Havia. Assim que meu pai foi embora, minha mãe voltou, dessa vez subindo a entrada da garagem. Ela chorava; meu irmão chorava; Sophie chorava em solidariedade; e eu fiz o que sempre fazia durante uma crise: fui preparar o jantar.

– Sinto como se uma família estivesse começando e outra terminando – confidenciou Sam mais tarde naquela noite, enquanto

FOGO! 73

arrumávamos a cozinha. Ele nos preparou coquetéis feitos com uísque e limão, que estão entre suas maiores contribuições ao mundo, depois de fotografias geniais e inigualáveis ovos pochés com presunto sobre torradas com molho *hollandaise.*

– Pelo menos você tem uma família – respondi, amarga.

Minha lembrança de todo aquele fim de semana é embaçada, provavelmente porque não deixei que a realidade do divórcio dos meus pais fosse assimilada até que estivesse de volta, na segurança do meu lar. Cada vez mais eu sentia que a casa deles não era a minha, e isso só fez confirmar. Mal podia esperar para voltar para Nova York. Ao menos lá eu podia contar com os direitos de inquilina e o fato de que ninguém poderia me tirar de meu conjugado ensolarado. Era a primeira vez que eu realmente vivia sozinha, e estava impetuosamente apegada ao meu apartamento. Era eu quem monitorava o termostato, deixava a louça empilhar e largava abertas as portas de tela. Por alguma razão, só o fato de saber que meu nome estava na lista telefônica do Brooklyn já me fazia sentir como se eu tivesse um lugar oficial no universo.

Quando voltei à cidade, reassumi minha vida com um novo nível de atenção, como se eu a estivesse observando antes de voltar à minha pele. Saboreei meu ritual de café-da-manhã, moendo os grãos de café, esquentando o leite e preaquecendo minha imensa caneca azul, antes de me sentar no cantinho do meu sofá. As manhãs eram minhas, os únicos sons eram a descarga temperamental do banheiro, que cismava em ser assim, e a janela que batia, independentemente de quantos livros eu enfiasse entre seus vãos. Raramente atendia o telefone no período entre o meu despertar e a hora em que saía. Mesmo quando havia um namoro em cena, eu preferia ter as manhãs para mim mesma. Na verdade, sempre gostei da idéia de morar com alguém em dois apartamentos adjacentes, como fizeram Frida Kahlo e Diego Rivera, com uma pequena ponte entre as duas casas.

Logo que me mudei para o apartamento, podia ver as Torres Gêmeas se me debruçasse na janela. Agora via o céu pela maior parte do ano, até que uma árvore do lado de fora crescesse e aumentasse suas folhas. Do telhado, aonde não tinha permissão de ir, tinha uma vista deslumbrante ao sol ou na escuridão, e nas horas mágicas entre eles. Adorava a ironia da famosa linha do horizonte de Manhattan e seus bilhões de pequenas luzes; é uma vista que se desfruta melhor ao ar livre.

Meu bairro em Williamsburg não tinha nada da beleza das fachadas de pedra do West Village ou mesmo de Brooklyn Heights. Mas havia um tipo de beleza inflexível na grama desafiadora que cresce nas rachaduras das calçadas, o contraste de vasos de flores nas janelas, murais de tirar o fôlego em paredes sem dono. À medida que a primavera lentamente se aproximava da cidade, eu passeava, parando de vez em quando para um café e o capítulo de um livro. Os cafés transbordavam a qualquer hora, exceto bem cedinho, pois pouca gente saía de casa naquele horário. Depois do meio-dia, os autônomos, ou desempregados moderninhos, abriam seus laptops, com seus *caffés latte* com leite de soja a seu lado, e começavam a criar trabalhos de arte irônica e subversiva, parando, às vezes, para pensar.

Enquanto esperava pela reabertura do Per Se, completei meus trabalhos da faculdade pelo restante do semestre e passava o dia todo lendo livros inteiros. Muitas vezes, munida de um saco de meus próprios petiscos, assistia a dois ou três filmes de uma vez. Soja verde funcionava bem, mas bolinhos de alho fritos atraíam olhares curiosos. Às vezes eu escolhia para pesquisar um bairro que não conhecia, e passava algumas horas fazendo compras, em busca de biscoitos de chocolate e olhando casas à venda, que para eu comprar faltavam alguns milhões de dólares. Um dia passei horas vagando pela cidade sem falar com uma única pessoa e, me sentindo um pouquinho invisível, resolvi me empenhar para me tornar conscientemente invisível. Vesti-me toda de preto e me sentei, em silêncio, num banco da avenida Bedford por um tempo, observando ondas de gente emergindo do metrô e pombos pousando ocasionalmente. Um homem acabou perguntando se podia se sentar, fazendo com que eu voltasse a ser visível e desse fim a meu pequeno experimento, então pude voltar ao apartamento e ficar na janela. Era assim que eu passava meus dias.

Contei a poucas pessoas sobre o divórcio dos meus pais, mas não foram poucas as noites que passei afogando minhas mágoas com meus colegas de trabalho em férias. Não precisava desse drama. Não precisava de uma família. E, sem dúvida, jamais precisaria de um homem que certamente me abandonaria quando eu menos esperasse. Quanto aos homens, decidi que eles só serviam para uma coisa. Qualquer mulher que pensasse de outra forma estava enganando a si mesma e precisava ser chamada à realidade.

Com minha recém-tomada resolução de viver solteira porém fabulosa, segui em frente e continuei tendo encontros. Que diferença faria, de qualquer forma? Não era o caso de eu estar planejando me casar em breve. Ou algum dia.

O PRIMEIRO CAVALHEIRO tinha vindo para a cidade e partido durante nosso treinamento, trabalhando num projeto para o restaurante, sobre o qual ele fora vago. Assistimos a alguns filmes e tomamos alguns drinques, e, quando chegou ao fim sua estadia no hotel, tive a atitude hospitaleira de convidá-lo para ficar em minha casa por alguns dias, até que ele voltasse para a Califórnia. Foi aí que as coisas deram errado. Quando penso naquele fim de semana, mentalizo um cruzamento. (Eu não dirijo, mas freqüentemente ando de carro.) Imagino o tipo de cruzamento sem sinal, no qual os motoristas se alternam e, educadamente, acenam para que o outro passe. No caso desse cavalheiro e eu, nós nos alternávamos em olhar um para o outro, tamborilando os dedos no volante (algo que percebo os motoristas fazerem enquanto esperam sua vez) e acelerando para bater de frente. Quando ele finalmente partiu, fui para a cama chorar de pena de mim mesma por um tempo, depois vi que ele deixara um bilhete preso na moldura do meu espelho, com um desenho simples de uma margarida. "É melhor deixar as flores sozinhas", dizia o papel, "elas florescem melhor sem serem vigiadas". Eu concordava. Mas ler o bilhete me deixou solitária daquela forma que alguém se sente numa cidade de 8 milhões de habitantes, sozinha no meio da multidão. Tenho algumas boas lembranças daquele fim de semana, mas mantive o bilhete no espelho até me mudar de lá, dois anos depois.

Ingressei num segundo começo falso com um colega de trabalho, sabendo que toda essa história de solteira e feliz era uma farsa. Ainda achava que bons relacionamentos eram improváveis e que o casamento era uma mentira, mas sair com alguém não faria mal. Eu tinha uma queda por ele, que envolvia piscadelas rápidas e encontros românticos de verdade. Até deixava que ele escolhesse os restaurantes. Estava mais acostumada a encontros que começavam com "Eu tenho um negócio para fazer na sexta à noite" ou "Quer dividir o táxi?". Na primeira vez que me beijou, ele parou a alguns centímetros de meus lábios e sussurrou:

– Posso?

Comecei a dizer para minhas amigas coisas do tipo "Com esse eu tenho grandes expectativas" e "Esse pode ser pra valer!". Ele era um dos membros da equipe do French Laundry que estava morando nos apartamentos alugados na rua Cinqüenta e Sete e, como muitos novatos, odiava sair de Manhattan. Passávamos a maior parte do tempo no prédio dele – que também abrigava alguns garçons, cozinheiros, além de André e Leigh, embora eu raramente visse qualquer um deles.

Então, no meu aniversário, ele acabou indo parar no banheiro dos homens com uma amiga minha. Não soube disso até a manhã seguinte, depois que minha jaqueta de couro havia sido roubada na boate, depois que ele voltara para casa comigo e me consolara, depois de eu ter-lhe preparado o café-da-manhã e o deixado dormindo em minha cama, para ir, toda sonhadora, encontrar a tal amiga. Ela me disse que ele deu em cima dela, ele disse que foi ela quem o seguiu e o atacou, e eu dispensei os dois, magoada demais para querer esclarecer a verdade. Acontece que eu já havia planejado uma festa para mim mesma e convidado 12 amigas. "Diva aflita! Mande um sinal de fumaça!" Elas chegaram, trazendo quatro das coisas que eu mais adoro neste mundo (além de muitas outras): queijo, pão, chocolate e vinho tinto. Quando contei para minha mãe depois, ela comentou que todas essas coisas eram conhecidas por causar enxaquecas.

Então, com alguns remendos no ego e uma nova resolução de ser fabulosa, ingressei no falso começo número três. O incidente do aniversário tinha magoado, mas aceitei o conselho das meninas e fui à luta novamente. Um dos chefs do trabalho vinha me perturbando para sair e, quando ele apareceu com uma reserva particularmente boa, concordei.

– Agora sou, oficialmente, alguém que se vende por comida – foi o que eu disse a uma amiga, depois de lhe contar que ia sair com o cara. Ele era supermeigo e até chegou com uma caixa de chocolates. Por mais doloroso que fosse, eu parecia mesmo estar pegando o jeito desse negócio de ficar.

Nunca se tem a intenção de tomar um porre e ficar totalmente bêbado, nem de cometer erros extremos de julgamento, mas foi isso o que fiz. E, quando acordamos, eu queria sair correndo de casa.

– É um caso de apenas uma noite se você toma café-da-manhã com a pessoa no dia seguinte? – perguntou ele.

– Claro que não – respondi por entre os dentes e o levei até o metrô.

Eu estava de ressaca, constrangida e furiosa comigo mesma. Basta. Assim como Marilyn Monroe fez no fim de *Quanto mais quente melhor*, renunciei solenemente ao amor. É claro que, ao declarar seu desejo, Marilyn estava esparramada sobre um piano, fazendo beicinho cheia de charme, com os seios transbordando de um vestido tubinho. Além disso, ela acabou com um saxofonista falido, explorador de mulheres e viciado em jogo. Talvez seja melhor eu arranjar um outro modelo para o meu desespero.

AINDA BEM QUE quase não tive tempo de sentir desespero. O restaurante estava pronto para reabrir. A reinauguração foi bem diferente. Estávamos descansados e prontos para trabalhar e, depois de dois meses, verdadeiramente felizes em ver uns aos outros. Na primeira inauguração, tínhamos vários membros da equipe da Califórnia para nos ajudar, mas muitos deles haviam voltado e reaberto o French Laundry. Dessa vez, não teríamos ninguém com quem contar, um fato que resultou num sentimento de camaradagem mais profundo. A gerência andara ocupada, fazendo pedidos de suprimentos que se provaram necessários em nossa inauguração, organizando nossos espaços de trabalho e criando um estoque mais eficiente. Alguém havia comprado uma impressora de etiquetas.

Antes do incêndio, recebêramos o tipo de cobertura da mídia pela qual a maioria dos restaurantes daria tudo. Inúmeros artigos retratavam o chef Keller como o filho pródigo, regressando para provar algo. Outros artigos contavam a história dos glamourosos restaurantes do Time Warner Center, mas depois do incêndio o Per Se roubou a cena de vez à medida que as manchetes documentavam a extravagância do restaurante, a cozinha de mais de 460 metros quadrados, o fogão caríssimo. Os clientes bem informados chegavam perguntando se era verdade que possuíamos uma câmara climatizada a 16°C para fazer e armazenar o chocolate. Amigos que não sabiam nada sobre comida ou restaurantes me perguntavam sobre reservas, assim como sobre preços e alguns pratos famosos.

A maior diferença entre a segunda abertura e a primeira foi o ritmo. Ao contrário das semanas iniciais de treinamento, dessa vez só tivemos algumas sessões de recapitulação. Depois que passamos por elas, mal houve tempo para amigos e familiares, muito menos para que a equipe jantasse novamente. Antes que percebêssemos, estávamos atendendo a todo vapor, como se o restaurante nunca houvesse fechado.

Alguns dias depois da reinauguração, os clientes começaram a escrever suas impressões em blogs e páginas de apreciadores da gastronomia. Os comentários sobre a comida, como um todo, foram lisonjeiros. As impressões quanto ao salão, nem tanto. Os primeiros críticos acharam os tons de marrom e cinza sem graça, as linhas rígidas e estéreis, o mármore e o vidro frios. Na melhor das hipóteses, descreviam o salão como "cosmopolita". O salão certamente não era decorado ao estilo campestre, como era moda em tantos restaurantes da cidade "com pratos à base de legumes e verduras"; ele não tinha pergaminhos decorativos, nem flores ornamentais, nem o visual de veludo brocado, ou os espelhos de um bistrô. Mas achar que isso era uma falha seria não entender o estilo. As mesas bem espaçadas, as cores austeras e as linhas *clean* davam propositalmente o tom de anonimato. Além de ampliar o efeito relaxante, o salão era silencioso (exceto quando o ensurdecedor alarme de incêndio disparava). Até o trânsito do Columbus Circle fervilhava em silêncio, quatro andares abaixo. Ali, vibração, humor e arte aconteciam no prato e na experiência do jantar.

Uma coisa era criticar o salão, mas quando chamaram a equipe do salão de sombria, ficamos desanimados. Isso era exatamente o que queríamos evitar. "Invisível" até que dava para agüentar, mas "sombrio", não. É possível argumentar que o conceito de bom atendimento é subjetivo. Algumas pessoas acham o garçom frio se ele não se apresenta, trata o cliente como seu tio predileto ou escreve "obrigado!" na conta com letras redondinhas. Outros preferem um homem que não sorria, com sotaque, um mestre no movimento de se curvar e se afastar.

Esses tipos de atendimento, como "é pra já" e "sim, é claro", são apenas duas em meio a um leque enorme de variedades. Mas acho que todos concordam que "fúnebre" deveria ser evitado. Não era isso que Laura tinha em mente quando moldou o estilo de atendimento do French Laundry. Ela o projetou para ser elegante porém relaxado, no intuito de complementar o luxo e a extravagância da comida. A própria Laura exemplificava esse equilíbrio. Eu achava que ela me intimidava, como muitas pessoas que não se consegue decifrar, até que descobri que, na verdade, ela era tímida. A partir do momento em que ela conhecia a pessoa, passava a cumprimentá-la como a um amigo e a olhava com uma expressão de quem esperava por algo hilário ou ligeiramente escandaloso. O que, é claro, fazia com que você dissesse algo exatamente assim. Não me surpreendeu que ela tivesse fugido dos holofotes enquanto orquestrava um salão de jantar mundialmente famoso. Os clientes e a imprensa com freqüência entram no restaurante e perguntam "Quem cuida de suas flores?", mas raramente perguntam "Quem treina e contrata o seu pessoal?". Ela gerenciava como os melhores desse ramo, sem aparentar qualquer esforço e desaparecendo no pano de fundo.

Havia dois pontos a serem abordados se fôssemos honrar a filosofia de Laura. O primeiro era a questão do serviço à mesa, que às vezes exigia tantas mãos que uma mesa de duas pessoas poderia ficar totalmente enevoada por sombrios atendentes. O Cappuccino de Cogumelos da Floresta, por exemplo, exigia uma pessoa para segurar a terrina de sopa numa bandeja, uma para segurar o biscoitinho de cogumelos, a espuma de cogumelos e o polvilho de cogumelos (de canela) numa bandeja, e uma para servir a sopa. Se o maître fosse ajudar, seriam quatro pessoas. Se o sommelier por acaso estivesse servindo vinho, seria a quinta pessoa. Com o cumim servindo a água e o pão, seriam seis. Logo depois dessa crítica, nós aperfeiçoamos o serviço à mesa e instituímos uma regra que, a menos que fosse totalmente necessário, não haveria mais que duas pessoas atendendo uma mesa em momento algum.

A segunda questão se resumia a não nos levarmos tão a sério. Era como se, nos meses que aprendemos a como andar e falar e posicionar um copo corretamente sobre a mesa, tivéssemos esquecido o objetivo de um bom atendimento. Era como um homem aprendendo a dançar valsa, murmurando "um, dois, três, um, dois, três" bem baixinho e olhando para os próprios pés. Só quando parasse de pensar e começasse a sentir – a batida, a mão da parceira, o leve peso do braço dela sobre o seu – é que ele começaria a dançar. Sim, havíamos sido ensinados a colocar a taça de vinho à direita do cliente, diretamente acima de sua faca. Mas apenas para que estivesse convenientemente posicionada perto de sua mão direita. Se o cliente a posicionasse à esquerda, cabia-nos abrir espaço e alertar qualquer um que estivesse servindo a mesa, e ninguém a colocava de volta à direita. Se um cliente quisesse gelo em seu champanhe, deveríamos oferecer gelo com o Corton-Charlemagne também. Se um dos cumins percebesse que a mesa ficou irritada quando ele discursou sobre o primeiro prato, deveria alertar os outros cumins para que fossem breves nos pratos seguintes. Conforme eu observava os veteranos da equipe do French Laundry, percebi quantas vezes eles, para deixar o cliente à vontade, ajustavam as regras que conheciam tão bem. Num desses exemplos, uma das cumins entregou um prato em que, entre seus ingredientes, havia *nuage*. Quando os clientes olharam-na confusos, ela se inclinou à frente e, com um olhar de cumplicidade, sussurrou "espuma".

Existe uma linha tênue entre atender com graça e ser um idiota pretensioso. A graça depende inteiramente de manter o enfoque no cliente, não em quem está servindo, nem no ato de servir. Veja o exemplo da remoção das campânulas, tampas em formato de chapéus, que cobrem alguns pratos para mantê-los aquecidos. Ao servir Ostras e Pérolas aos Bichalot, por exemplo, o cumim carregava uma travessa em cada mão. Ele colocou a primeira diante da sra. Bichalot e a segunda na frente do sr. Bichalot. Depois voltou até a senhora para remover a tampa de seu prato, antes de tirar a do cavalheiro. O discurso do cumim ao destampar o prato poderia ser algo como:

– São Ostras e Pérolas: ostras de Island Creek e caviar osetra iraniano, num *zabaione* de tapioca. – Depois, ele NÃO diria "bom apetite", mas daria um sorriso antes de sair.

Se houvesse mais de dois clientes, duas pessoas removeriam os conjuntos de tampas ao mesmo tempo. Um grupo de seis pessoas exigiria três funcionários e assim por diante. Às vezes, se alguns sommeliers, gerentes, ou cumins por acaso estivessem por perto, seis de nós poderíamos remover as tampas de forma simultânea. Dependendo de como fizéssemos a dança, ela poderia parecer impecável e elegante, com todos se movimentando ao mesmo tempo, todos os clientes sendo servidos de uma só vez. Mas se alguém tirasse a tampa com um grande estardalhaço ou uma precisão claramente estudada, o efeito iria por água abaixo. O que deveria ter a intenção de ser algo para apenas aquecer um prato passaria a ser uma pretensão. Era uma linha muito tênue, e precisávamos nos especializar se quiséssemos deixar as pessoas à vontade. Dependendo da mesa, isso poderia significar uma piada quando as tampas fossem retiradas. Uma vez, atendi um homem que se divertiu muito em tirar sua própria tampa. Quando chegava a hora de tirar as tampas seguintes, eu ficava em pé atrás dele e dizia:

– Agora!

Podia ser contra as regras, mas ao menos não era sombrio.

— Dica —

NÃO HÁ NECESSIDADE DE DIZER QUE VOCÊ É ALÉRGICO A ALGO CASO NÃO GOSTE DE ALGUMA COISA. ALÉM DE ALERGIA SER ALGO SÉRIO, VOCÊ TEM TODO O DIREITO DE GOSTAR OU NÃO DO QUE QUISER.

AMA QUATRO-ESTRELAS

O segredo do bom atendimento não é a servidão, mas antever desejos. Isso me ocorreu durante o tempo que eu tinha para escutar clandestinamente enquanto montava a mesa e reabastecia os copos d'água. Se entreouvisse algo importante – que os clientes estavam ficando fartos, que havia uma babá esperando por eles em casa, ou que preferiam frutas a chocolate –, relatava isso ao garçom. Este poderia então perguntar se eles ainda gostariam do prato de queijos, poderia providenciar uma caixa de biscoitinhos para a babá ou trocar a sobremesa sem que o cliente tivesse pedido. Isso nada tem a ver com obedecer às ordens de clientes chatos que estalam os dedos de outro lado do salão. Garçom! Senhorita! Isso tem a ver com a arte de ser um observador atento e a intuição de saber o que alguém quer antes que ele mesmo saiba.

Quando perdemos nosso primeiro garçom, logo após a segunda abertura, tive a oportunidade de praticar essa arte em tempo integral. O garçom em questão era um francês pervertido porém reservado, com 40 e tantos anos, que havia trabalhado em alguns dos melhores restaurantes da cidade. Ele usava suéteres cinza e calças cáqui. Um dia, estávamos todos reunidos ao redor das grandes mesas redondas da sala de jantar privativa e sem janelas, fazendo um de nossos testes do tipo *cippolini / cipolini / cipollini / cipolinni*, quando ele entrou cambaleando, todo descabelado, de camisa havaiana, óculos escuros e bêbado. Ao entrar, começou um discurso divertido, fazendo perguntas numa voz embaralhada e lenta, enquanto o restante de nós tentava manter a concentração no teste.

– Estou tendo problemas com o número 18. Alguém pode me definir "senso de urgência"? – A frase deve ter levado uns vinte segundos para sair.

Os gerentes vieram, apressados. Sempre calma, Laura trocou um olhar com o diretor de operações e silenciosamente correu o dedo indicador pelo próprio pescoço. Na mesma hora o diretor nos liberou mais cedo para o almoço. Quando voltamos, tínhamos um garçom a menos.

Sempre que possível, a empresa promovia gente de dentro; portanto, o garçom seguinte seria selecionado do grupo de cumins. Como eles estavam em busca de presença e charme, eu sabia que Patrick seria perfeito. Mas, como se soube, também queriam promover uma mulher. Fiquei surpresa quando o diretor de operações me chamou num canto e me disse que Patrick e eu estávamos num "ritmo acelerado" a caminho de virar garçons, e que nosso treinamento começaria imediatamente.

Seria um alívio conversar sobre algo além de pão, manteiga e opções de água. Como cumim, desde o instante em que a primeira mesa de minha seção era ocupada até que eu trocasse todas as toalhas, ao fim da noite, eu andava sem parar. Servindo copos, colocando os talheres, limpando as mesas, sobrevivendo à ira do garçom que mal sobrevivera à ira do chef ou do maître e precisava de alguém em quem colocar a culpa. Era uma função exaustiva, mas ao menos o tempo passava rápido. Por outro lado, ser garçom exigia mais responsabilidade, mas também seria muito mais divertido. Já não me sentiria mais como uma máquina de montar mesas. Poderia fazer contato de verdade com os clientes, conheceria melhor os chefs e até ficaria mais familiarizada com a comida.

Em termos de comida e atendimento, havia sido muito bem preparada durante nosso treinamento inicial. O que eu não aprendera sobre minhas novas funções naquela época já descobrira no trabalho diário junto aos garçons, todas as noites, como cumim. O fato de ter sido colega de todos os outros cumins permitiu uma transição ainda mais fácil. Eu sabia todos os pontos fortes, suas fraquezas e peculiaridades e também como ajudá-los e quando pedir ajuda. O grande desafio seria me especializar em nosso sistema computadorizado medieval e aprender a resistir aos caprichos dos chefs. Agora, quando eu cometia um erro no salão, relatava ao chef de expedição, que ficava junto ao passa-pratos. Jonathan Benno trabalhava no primeiro turno e, apesar da questão dos caquis, nós nos dávamos bem na maior parte do tempo. Corey Lee, um coreano mal-humorado e com tendência ao sarcasmo, trabalhava na outra metade. Desde meu primeiro dia como garçonete, ficou claro que Corey não tinha o menor apreço por mim.

Durante meu treinamento, seguia a trilha dos outros garçons, traduzindo o pedido do cliente em algo que a cozinha pudesse fazer sem me odiar. No Per Se, por exemplo, a carne é feita ao ponto, o que se traduz em "ao ponto da perfeição". Cada corte de carne tem seu próprio ponto da perfeição. Cortes mais duros, como paletas, precisam ser cozidos em fogo brando, em panelas bem tampadas, durante horas, mas a carne de cervo ou de uma ave selvagem pode ficar dura e com textura de fígado se cozida excessivamente. Se o cliente pedisse, poderíamos lhe dizer como o chef preparava o prato, mas a decisão final era do cliente. Digamos que o sr. Bichalot, por exemplo, tivesse escolhido o menu degustação do chef, com nove pratos, no qual servimos peito de pato no primeiro prato de carnes. Ele pede que seu pato seja "crocante". Quando o garçom vai até a cozinha fazer o pedido, o chef dirá que pode esturricar o pato com o maior prazer, mas nós dois sabemos que isso não faz justiça ao pato. Será que o cliente não gostaria de comer uma paleta suína cozida em fogo brando? O sr. Bichalot adora carne de porco, o chef fica feliz por estar servindo um prato do qual ele se orgulha, e o garçom não faz nenhum inimigo.

Logo aprendemos que, embora o menu degustação do chef estivesse elaborado, praticamente qualquer mudança poderia ser feita para atender o cliente. Um exemplo perfeito, no qual me tornei *expert*, era o que eu chamava de menu degustação do chef para grávidas. Acho que podemos concordar que a primeira regra quando se trata de grávidas é jamais perguntar, a menos que se tenha certeza absoluta. A casquinha de salmão em geral já nos traía, pois a maioria das grávidas americanas tem pavor mortal de qualquer coisa crua. Imediatamente, nós lhes enviávamos uma casquinha feita com purê de tomate e berinjela. Depois assegurararíamos a elas que as ostras eram fervidas. Poderíamos discutir sobre as opções de peixe e seus níveis de mercúrio, até que ponto elas comiam carne malpassada e se o queijo (cabra, vaca, ovelha, azul) era pasteurizado. Também passei a conhecer bem o menu degustação do chef para os clientes *kosher* (um *panna cotta* de couve-flor substituindo o caldo de ostras no Ostras e Pérolas; o segundo peixe substituído por lagosta; a primeira carne sem a *crépinette*;* a segunda sem os laticínios; salada em vez de queijo; *sorbet* trocado por uma sobremesa sem laticínios) e o menu degustação do chef para aqueles que são arrastados para jantar e realmente só querem um filé (sopa, salada, massa, lagosta, filé, queijo, *sorbet*, sobremesa).

Em oposição a alguns adultos que demandavam muita atenção, com freqüência atendíamos clientes sérios com idade inferior a

---

* Membrana fina e gordurosa que envolve a cavidade abdominal dos animais. (N. da E.)

12 anos. Para alguns deles eram oferecidos alguns pratos divertidos, que tendiam a ser mais simples. O chef Keller insistia que as crianças pequenas deveriam comer de graça. Em muitas ocasiões a cozinha mandava algo a que chamavam de "pilha baixa", uma pequena torre de *blinis* de batatas, com o círculo da base do tamanho de uma moeda de 25 centavos, e o de cima do tamanho de uma moeda de dez centavos. Pareciam panquecas, mas tinham gosto de purê de batatas. Também havia algumas crianças aventureiras que optavam pelo menu degustação – o tipo de criança que queria seus camarões com cabeça. Toda a equipe se apaixonava por esses jovens clientes. Enquanto isso, do outro lado do salão de jantar, havia um homem de meia-idade que se recusava a comer seus legumes; a mulher que alegava ser alérgica a tudo o que lembrasse peixe; outra com fobia de comida e que começava a sentir falta de ar quando olhava o menu; a anoréxica que cuspia toda a comida no guardanapo, que enfiava na mochila embaixo da mesa; o glutão que ria do tamanho da porção e exigia mais alguns pratos de carne antes do queijo; e a mulher que ficava com os olhos cheios d'água ao pensar em comer qualquer coisa de sua lista pessoal de "bichinhos fofinhos", uma lista arbitrária de mamíferos. Aparentemente, as lagostas não são fofinhas. Do outro lado do salão, o Júnior já tinha limpado seu prato de *rillette* de coelho e estava torcendo pela chegada do queijinho fedorento.

Customizar o menu das pessoas exige habilidade e paciência, mas harmonizar o vinho para um cliente exigente – ou qualquer cliente, na verdade – ainda era um desafio para mim. Independentemente de quantas palestras a que eu assistisse, livros que lesse e vinhos que provasse, só memorizava parte do que ensinavam. Nas degustações no restaurante, os outros garçons conversavam sobre fabricantes de vinhos e variações de solo, enquanto eu ainda estava tentando descobrir de que região estávamos falando. E quanto às safras, ainda estou convencida de que uma mente que consegue lembrar a diferença entre um Petrus 1981 e outro 1982 é muito semelhante à mente que sabe não apenas que time ganhou o campeonato mundial vinte anos antes, mas também quem foi o artilheiro e a zaga menos vazada.

Por conta de meu fraco conhecimento de vinhos, André começou a passar muito tempo em minha seção. Não tínhamos propriamente uma combinação de vinhos, mas muitas vezes sugeríamos harmonizações aos clientes que quisessem deixar isso por nossa conta. Em situações como essas, poderíamos usar meias garrafas, ou até cervejas, saquês, sucos, chás ou coquetéis. Eu teria ficado em apuros, não fosse por André. Quando um cliente me perguntava sobre as diferentes safras e harmonizações para o Riesling envelhecido da Alsácia, André sempre calhava de estar passando por perto. Logo tive a sensação de que ele estava observando todos os meus movimentos. E, conforme o tempo passava, passei a observar os dele.

– Tenho uma coisa para você – sussurrou ele, um dia, no começo do turno, e gesticulou para que eu o seguisse para fora do salão. Era um saca-rolhas, exatamente como o abridor comum que todos nós tínhamos. Eu olhei, indiferente.

– Vire ao contrário.

Do outro lado havia uma pequena etiqueta em que estava escrito "Diva", em letras pretas. A etiqueta me informou que ele vinha, de fato, me observando atentamente.

– Não perca. É para canhotos, mas não espalhe. Tive de comprar uma caixa inteira.

– Como é que você soube que eu sou canhota?

– Chef – respondeu ele, sacudindo a cabeça, como se estivesse decepcionado comigo –, eu notei. Além disso, parece haver muitos canhotos em minha vida.

Todos os amantes em potencial encontram um momento na vida em que a paixão que alimentam por alguém se torna possível.

Nos filmes, é um olhar; no teatro, uma leve insinuação; em poesia pastoril, um abraço roubado, seguido pelo rubor da mocinha inocente que ordenha uma vaca. Na realidade, muitas vezes é uma coisa quimicamente induzida e um tanto predatória, embora não seja menos excitante quando é recíproca. É claro que há exceções românticas, como no caso do chef que conheço que encontrou uma mulher na feira de pequenos produtores e escreveu o próprio telefone numa abóbora. Ou do sommelier que comprou uma caixa inteira de abridores inúteis para seu objeto de desejo canhoto. Não posso ter certeza, mas tenho a impressão de que fiquei vermelha e sorri, como a pastora e a moça que fazia a ordenha, e outras mocinhas indefesas antes dela.

APESAR DE MINHA falta de conhecimento sobre vinhos, meu "ritmo acelerado" acabou sendo de mais ou menos duas semanas. O restaurante tinha mais clientes a cada noite e passou a organizar mais jantares particulares. Isso significava que precisaríamos de mais garçons no salão. Além disso, esperávamos o crítico do *New York Times* a qualquer dia e queríamos ter certeza de que os garçons possuíam seções de tamanhos administráveis, de modo a terem tempo suficiente para cada cliente. Patrick estava alguns dias à minha frente no treinamento e, apesar de ainda não estar cuidando de uma área inteira, já estava prosperando. Ele sempre fora atraente, mas sua personalidade no salão florescia no papel de garçom. Por conta de sua baixa estatura e do rosto de menino, os clientes às vezes subestimavam sua perspicácia e seu conhecimento sobre comida e vinhos. Até o fim da refeição, os clientes diriam "peça para o cara baixinho vir até aqui" e lhe dariam tapinhas no ombro ao saírem. Também gostei de minha promoção quando comecei, mas minha experiência foi bem diferente da de Patrick.

Na maior parte de meu primeiro ano trabalhando num restaurante fino, eu não era apenas a única garçonete no Per Se, mas, até

AMA QUATRO-ESTRELAS ❧ 91

onde eu sabia, uma das duas únicas em restaurantes quatro-estrelas da cidade. A imagem de um francês afável com um guardanapo colocado sobre o braço ainda reinava, embora uma nova onda de homens jovens e bem-vestidos tivesse entrado para o ramo, sem dúvida impelidos por uma sociedade com novos assinantes da revista *Gourmet* e o canal de gastronomia da TV por assinatura.

O fato de eu ter consciência de ser mulher naquele mundo me parecia estranho. Era como se eu fosse algum tipo de inversão da inversão. A hospitalidade e a servidão não eram essencialmente o trabalho da mulher? Aparentemente, quando se tratava de salários de seis dígitos e assistência médica, não. Levei algum tempo para entender onde estava a minha força e que eu estava em vantagem por ser mulher.

Embora eu usasse terno preto e gravata de seda, aprendi quando trabalhar o ângulo feminino, transmitindo ternura e fazendo com que o cliente se sentisse em casa. Aprendi que uma esposa dominadora exige uma abordagem muito diferente da líder de um grupo de damas almoçando. Eu interagia de uma forma com o cavalheiro tentando impressionar seu par romântico e de outra com o investidor da bolsa e sua turma de companheiros de bebida. Eu era aliada, autoridade, objeto e confidente num espaço de trinta segundos, mas em cada caso assumia tanto controle sobre as minhas mesas quanto meus companheiros, independentemente de quão sutil fosse minha postura.

Como eu já constatara ao longo do período como ajudante, nossa maior habilidade ao atender os clientes é antever o que eles desejam. Se eu fizesse bem o meu trabalho, o cliente ficaria imaginando como eu sabia o que ele queria antes que ele soubesse. Quando ele me pedia para ver a carta de vinhos novamente, ela deveria estar em minha mão. Quando gesticulava para pedir a conta, ela já estava na mesa. Se tudo corresse bem, o cliente não estaria saciado apenas pela comida que lhe fora servida, mas pela atenção pela qual nem sabia ansiar. Não era raro que um cliente anterior abrisse totalmente a guarda numa segunda visita.

– Você sabe do que gosto – ele diria, devolvendo o menu e a carta de vinhos. – Estou em suas mãos.

Será que deixar os clientes à vontade era algo mais natural para uma mulher? Ou estaríamos apenas acostumadas a usar observação e empatia a nosso favor? Será que meus clientes masculinos gostavam de sentir que eu estava no comando ou de imaginar que, no fundo, eu era uma espécie de fadinha do lar, um papel que lhes era reconfortante?

Fascinada por essa dinâmica, passei a observar a política de gêneros no salão de jantar... enquanto vestia um terno largo e nada lisonjeiro, uma camisa abotoada até o queixo e uma gravata. Só consigo pensar em algumas ocasiões em que uma mulher usando gravata pode ser algo apropriado: ao encontrar a companheira no altar; segurando uma bengala e fazendo sapateado num palco; ou quando protesta por causa da discriminação de uniformes diferentes para cada sexo. Numa era em que mulheres lideram nações, corporações e movimentos culturais, políticos e religiosos, é difícil acreditar que um objeto fálico pendurado no pescoço seja o melhor símbolo de poder que podemos mostrar.

– Como você se sente quanto ao domínio feminino? – perguntei a Truman, meu cumim, num jantar, enquanto ele colocava quatro copos de água e um descanso sobre uma bandeja de prata Christofle.

– Eu gosto – respondeu ele, fingindo ofegar, enquanto pegava a bandeja. – Mesa do canto!

Antes que eu tivesse chance de me explicar, Truman saiu pela lateral de nosso aparador e rapidamente seguiu até a mesa 6, na qual um cliente nervosamente folheava a grossa carta de vinhos com capa de couro. Truman colocou cada copo Orrefors logo à direita das taças Spiegelau, cuja outra extremidade estava diretamente alinhada com a borda da faca Ercuis. Qualquer um de nós dois, caso solicitado, poderia dar um rápido histórico sobre aquelas empresas, sua localização geográfica e alguns detalhes dos produtos. A mesa optou por água com gás, o que significava que Truman serviria Tŷ Nant, uma água galesa de bolhas minúsculas. Água perfeita para ser tomada com comida. Caso pedissem água sem gás, poderiam escolher entre a Hildon, mais borbulhante, do sudoeste inglês, ou a Wattwiller. A última, especialmente importada da Alsácia, eu sempre descrevia com um sorriso malicioso quase indecifrável, era mais "encorpada". Se os clientes rissem ou revirassem os olhos diante disso, eu sabia que nos daríamos muito bem.

Como sempre, estávamos trabalhando em dupla essa noite, na área VIP. Isso significava que íamos servir champanhe grátis e nos oferecer para preparar um menu especial. Se os clientes fossem apreciadores de comida ou fossem da imprensa, em geral adorariam a atenção. Se fossem celebridades com consulta marcada com o nutricionista pela manhã, ou um diretor executivo com uma reunião agendada bem cedo, começariam a ficar inquietos depois da sopa, do saboroso *sorbet*, caviar, peixe, creme à base de ovos e entradas de carne, tudo isso servido antes do início da verdadeira refeição. Essa noite, como havíamos descoberto na reunião antes de abrir o restaurante, Truman e eu serviríamos a uma socialite influente muito conhecida (pegar leve nos canapés) e um célebre chef britânico que estava na cidade para uma noite de autógrafos (pegar pesado nas vísceras).

Enquanto eu rapidamente polia a prata de quatro menus para tirar as digitais, lamentei ter pensado alto justamente perto de Truman. A maioria dos garçons detestava trabalhar com ele, por ser arrogante e de pavio curto, mas eu e ele nos dávamos bem. Não era o ritmo fácil e silencioso que eu mantinha com outros cumins, sobretudo as mulheres. Eu estava sempre abrindo espaço para Truman, de várias formas, elogiando sua capacidade de cuidar do aparador sem mim, deixando que ele assumisse algumas de minhas funções de garçonete, como aprontar as taças e anotar os pedidos de bebidas enquanto eu servia pão e água. Se isso não o acalmasse, tudo o que eu tinha a fazer era perguntar sobre sua filha. Os dois não moravam juntos, mas ele a buscava para levar à escola todas as manhãs, independentemente do horário de trabalho da noite anterior. Vínhamos trabalhando em um novo menu de almoço para seu segundo ano no colégio. Meus dias como babá me mantiveram atualizada sobre tendências da alimentação na escola primária, mas era evidente que ele também passava um bom tempo nos corredores do mercado.

Talvez nós nos tolerássemos, pois eu também não era uma pessoa tão fácil com quem se trabalhar. Eu tinha fama de ser impiedosa às vezes. Depois de uma noite movimentada trabalhando comigo, um dos cumins mais novos cuidou de suas dores tomando uma cerveja, e reclamou que eu havia sido muito dura com ele. Depois disso tentei pegar mais leve com o Porcelana, como nós passamos a chamá-lo. Quando ele trabalhava duro e rápido, eu o chamava de Porcelancha.

De volta ao aparador, eu havia acabado de anotar os pedidos da mesa 6 quando percebi que os copos de água estavam quase vazios.

— Até na cadeia as pessoas ganham pão e água — repreendi Truman, já que ele gostava do domínio feminino.

Enquanto Truman servia água, o maître conduziu nossa socialite à mesa 3. André já havia colocado o champanhe no balde de gelo, o chef esquentava os *gougères* na cozinha, e eu polia mais dois menus. Eu me dei conta de que não chegara a explicar minha pergunta a Truman e pensei se ele teria esquecido o assunto, quando ele surgiu novamente do canto.

— Acha que apareceremos na coluna de fofocas amanhã? — perguntou ele, jogando o cesto de pão ruidosamente de volta, no aparador.

— Sonhar não custa nada — respondi, juntando os menus. — Diga à cozinha que podem mandar os *gougères* quando quiserem.

Truman já estava na metade do corredor, mas ele parou e se virou, sorrindo.

– Sim, minha ama.

APÓS ALGUNS MESES como garçonete, congratulei meu lado feminista por romper o telhado de vidro dos jantares finos. Eu estava atendendo mesas importantes, tinha assistência médica e odontológica, fizera um plano de previdência privada (agora que eu sabia do que se tratava), era respeitada pelos meus colegas homens e estava abrindo caminho para as mulheres que trabalhavam abaixo de mim. E, mais importante, estava ganhando igual aos homens. Será que estava?

Nosso código para recebimento discreto de dinheiro, quando ambas as partes fingiam estar trocando simples gentilezas, era "aperto de mão", ou "dar a palma". A regra no Per Se era que todos os apertos de mão fossem entregues para a casa, para que o dinheiro fosse igualmente dividido entre os membros da equipe. Isso causava muitos resmungos entre os maîtres, sommeliers e garçons, que achavam que mereciam mais dinheiro por terem se sobressaído com um atendimento exemplar.

Na qualidade de esquerdista de plantão no restaurante, eu caía em cima para defender os direitos dos homens comuns. Como poderíamos ter a arrogância de acreditar que aturaríamos uma mesa por dez minutos discutindo arte, ou literatura, ou vinho, ou até política (exceto durante a convenção republicana nacional, quando decidi que, se eu não tivesse nada agradável a dizer...), se não fosse pelos cumins, atendentes e auxiliares de limpeza, correndo que nem malucos para garantir que o restaurante continuasse em frente? E depois me ocorreu que era fácil dar sermão, já que eu mesma era raramente tentada pelo dinheiro.

A questão é a seguinte: não importa como você coloque as coisas, quando um homem passa dinheiro para uma mulher, a sensação é de que ela está sendo paga por um serviço íntimo que prestou a ele. Como você explica isso à sua acompanhante? Eu posso até ouvir a voz da esposa ciumenta.

– Vejo que ela realmente impressionou você.

Como eu era a única mulher, não podia comparar as opiniões de outras colegas, então fui até a única maître da casa e pedi sua opinião sobre a questão. Em seu último emprego, num bistrô frâncese chique, os homens saíam com até US$ 700 em algumas noites, quando ela tinha sorte de tirar US$ 200. A teoria dela era a de que quando um homem dá dinheiro a outro homem é para afirmar a hierarquia masculina. Embora o garçom, o sommelier ou o maître possam dar o tom da refeição, sabendo mais que o cliente sobre vinhos, ou colocando o cliente na cobiçada mesa de canto, uma vez que o cliente lhes dá algum dinheiro, é o cliente que volta a ser superior.

A última peça do quebra-cabeça é demais. Apesar de um homem tirar o outro do constrangimento ao lhe dar dinheiro na dinâmica amo/escravo, ele fica inteiramente à vontade quando uma mulher o serve. Na verdade, o homem presume que ela gosta disso, já que é acolhedora por natureza e que jamais ameaça a hierarquia. Ela terá sorte se receber um obrigado, uma palavra de elogio do patrão ou até um beliscão no traseiro por seus préstimos.

O que traz a pergunta sobre como as mulheres lidam com essa situação. Eu só recebi um "aperto de mão" de uma mulher uma vez, e foi a coisa mais esquisita do mundo, cheia de rodeios. Nós, mulheres, não fazemos isso. Minhas maiores recompensas vindas de mulheres foram beijos no rosto, um "obrigada" cochichado por tê-la ajudado com a sogra e até um convite para tomar chá.

Numa ocasião, atendi uma mesa de cinco homens e uma mulher, que estava no comando, embora ela estivesse claramente fazendo as vontades do homem sentado à sua frente. Eu circulei a mesa, em minha abordagem inicial, tentando descobrir quem seria o anfitrião e quem era a pessoa mais importante (nem sempre a mesma). Finalmente, ainda confusa, me posicionei à direita de um homem que estava sendo adulado e fiz contato visual direto com a mulher. Ofereci a carta de vinhos. Ele pegou. Expliquei o menu e sugeri a degustação do chef, como sempre faço. A maioria dos clientes seguiu a minha sugestão, mas o homem que estava sendo bajulado queria o timo do menu de cinco pratos.

– Você poderia me mostrar onde fica o toalete feminino? – a mulher perguntou, em seu melhor tom de mulher para mulher.

– Mas é claro – respondi, relutante em deixar os homens sozinhos com os menus. Se eles começassem a inventar moda com o menu degustação do chef e pedissem somente os Cabernet californianos mais baratos, eu a responsabilizaria por isso.

– O negócio é o seguinte – disse ela, quando os homens já não podiam ouvir, anunciando os tópicos. – Vamos optar pelo menu degustação. Vamos pedir um vinho que harmonize, de US$ 150 por pessoa. Vamos acrescentar um prato a mais de foie gras. Precisamos desse cliente. Ajude-nos a fazer bonito.

Voltei para a mesa com o cartão de crédito dela em meu bolso e recolhi os menus dos homens, cuja atenção fora desviada da comida e se voltara ao personagem principal na mesa. Assegurei que o convidado de honra tivesse seu timo, servi seu vinho primeiro, pisquei os olhos com charme até ficar tonta e transgredi as regras da casa ao tocar seu braço e seu ombro sempre que surgia uma oportunidade. A cada vez que eu olhava para a anfitriã, ela piscava para mim. Até então, tudo ótimo.

Eu tinha de respeitar essa mulher. Se não tivéssemos tido aquela conversa, a dinâmica entre nós teria sido bem diferente. Ela teria de lidar comigo como uma distração e uma ameaça à sua autoridade, não como uma arma em causa própria.

– Perfeito! – sussurrou ela, triunfante, apertando meu braço, ao fim da refeição. Ela permitiu que os homens a deixassem sair primeiro e, enquanto eu agradecia ao grupo, o cliente parou para apertar minha mão. E eu senti o inequívoco maço de notas pressionado na palma de minha mão.

– Obrigado.

– O prazer foi meu, senhor – respondi, levando a mão ao bolso, como eu havia visto sendo feito tantas vezes e dando uma olhada rápida em volta para ver quem poderia ter testemunhado aquilo. Percebi que nós três sabíamos o que estava acontecendo: eu a ajudara a se sair bem e havia sido um tipo de aliada para ele. Mas será que o dinheiro seria a forma dele de reconhecer o jogo que todos nós havíamos jogado? Ou será que ele se sentiu desarmado sem seu cartão de crédito e a possibilidade de escolher o que comeria? Pensei sobre isso enquanto caminhava até o posto da recepcionista e entreguei o dinheiro para juntar às gorjetas que dividiríamos ao fim da noite. Eu estava certa de que ninguém teria visto o aperto de mão, mas a verdade era que isso não tinha a ver com o dinheiro.

— Dica —

TELEFONE SE VOCÊ NÃO FOR APARECER PARA UMA RESERVA. FAZER UMA RESERVA E NÃO APARECER É COMO COMBINAR COM MAIS DE UMA PESSOA DE SER SEU PAR NA FESTA DE FORMATURA, DEPOIS DEIXAR QUE O ESPEREM ARRUMADAS, NA SALA, A NOITE INTEIRA, DE SALTO ALTO E MEIA-CALÇA, COM O PENTEADO MURCHANDO, OLHANDO O RELÓGIO.

SENDO FRANCA, FRANK

REGRA Nº 36: Os membros da equipe poderão participar de eventos do mercado de vinhos realizados no restaurante após a aprovação do enólogo ou do sommelier responsável.

Mesmo após meus três casos desastrosos, sem mencionar três ondas de feminismo, a minha vida no verão de 2004 foi definida por dois homens. O primeiro foi encrenca, o segundo, tortura. Pelo fato de ter sido encarregada dos pedidos de vinhos por um curto período em meu primeiro restaurante no Brooklyn – o que agora parece completamente absurdo –, meu nome constava de alguns *mailings* de distribuidoras de vinho. Em geral eu apagava os e-mails, mas um deles chamou minha atenção: uma degustação biodinâmica no Metropolitan Pavilion. Embora não fosse realizada no restaurante, resolvi consultar a seção de vinhos, especialmente André.

Não é nada como se o estivesse chamando para sair, ou algo assim, eu disse a mim mesma; é um evento do mercado.

– Claro que você deve ir – disse André. – Na verdade, talvez eu vá com você.

Alguns dias depois, quando cheguei ao evento, ele estava esperando junto à mesa de taças vazias.

– Vamos? – perguntou ele, pegando uma taça para cada um de nós. Embora ele estivesse morando na cidade havia apenas alguns meses, toda hora André encontrava alguém conhecido. Ele me apresentava apenas pelo nome, deixando nosso relacionamento em aberto, para ser interpretado. Em meio aos conhecidos, experimentávamos o vinho, vendo como combinava com os itens do menu recente, parando, de vez em quando, para comer um pedaço de queijo ou um cacho de uvas.

Se a biodinâmica da degustação não começou como um encontro romântico, essa foi a sensação que ficou no fim. Depois, mais à vontade por conta do vinho e acostumados ao ritmo um do outro, caminhamos juntos até o metrô. Então, com um sutil gesto de cabeça indicando um *pub* do outro lado da rua, ele me conduziu pelo caminho. A circunstância nos poupava da estranheza de um primeiro encontro. Não somente alcançáramos uma descontração maior um com o outro, no salão de jantar, mas minha curiosidade inspirava uma investigação imediata. Desde a sua primeira apresentação, durante o treinamento, eu queria a história inteira sobre como ele passara de hambúrgueres em San Antonio a raspas de trufas em Nova York.

— Sua família bebe vinho? – perguntei a ele.

— Zinfandel branco conta?

Seus primos trabalhavam em restaurantes, mas era só isso, em relação ao interesse por vinho na família de André. Sua mãe e seu pai eram militares e haviam se mudado com freqüência, por todo o país, até para a Alemanha, estabelecendo-se, por fim, no Texas.

— Então, como você aprendeu sobre vinhos?

— Lendo – disse ele. – E com outras cartas de vinho. Costumava ligar para restaurantes e pedir uma cópia da carta deles. Depois, espalhava todas no chão e via que garrafas todos eles tinham. Eram aquelas que eu queria experimentar.

Eu não estava prestando atenção. Estava silenciosamente enumerando as possíveis armadilhas de nosso caso de amor em potencial, e também seu envolvimento com outra pessoa. Militares? Ih, a mãe dele detestaria a minha política e o proibiria de me ver. Ele jogava basquete no ensino médio? Ih, eu não poderia sair com alguém que assiste a um jogo enquanto um *brunch* espera para ser comido. Mudou muito de casa quando criança? Ih, ele é bem viajado, mas potencialmente instável. Autodidata? Ih, provavelmente é viciado em trabalho. A conversa acabou voltando ao restaurante e ao assunto que estava na cabeça de todo mundo: a chegada do crítico do *New York Times*. Era só uma questão de tempo, nós refletimos. André e eu agora refletíamos juntos com freqüência, em pé, lado a lado, enquanto olhávamos nossa mesa, enquanto cochichávamos.

Quando olhei através do meu copo de cerveja para André e o ouvi falar de Borgonha, mudando para basquete e críticos de restaurante, tive um pensamento: ih. Eu me recusava a acreditar que ele fosse O Tal, mas ele certamente era Um Tal. Ele também não era um Tal Adequado, em razão de fazer parte da gerência e morar com outra colega de trabalho. Quando deixamos o bar e voltamos à tarde que havíamos planejado para nós, imaginei um trem deixando uma estação. As rodas mal haviam começado a se movimentar, porém, se ganhassem mais velocidade, não haveria como pará-las. De olho no prêmio, eu disse a mim mesma: quatro estrelas.

O SEGUNDO HOMEM de minha vida foi Frank Bruni, o novo crítico do jornal *New York Times*. Num raro momento de generosidade, os restaurantes rivais compartilharam antigas fotografias do crítico, colocadas atrás do posto da recepcionista, em toda a cidade, com a frase "Você viu esse homem?". Deus ajudasse a recepcionista que o colocasse sentado numa mesinha indesejável, perto da porta de entrada, próximo à cozinha ou a um aparador movimentado.

Em Nova York, uma cidade que se considera o centro do universo gastronômico – se não o centro de todo o universo em todos os aspectos –, a única crítica que realmente significa algo é a do *New York Times*. Em Paris, há pelo menos três fontes que decidem o destino de hotéis e restaurantes, que é determinado por um grupo anônimo de críticos que fazem múltiplas visitas ao longo do ano. O *Guia Michelin* classifica numa escala de três estrelas, o *Mobil Travel Guide* classifica em até cinco estrelas, e o *Relais et Châteu* simplesmente acrescenta o restaurante escolhido à sua lista exclusiva.

Assim como receber uma estrela do *New York Times*, ganhar uma estrela do *Michelin* significa expansão significativa dos negócios e respeito dos colegas do ramo, ao passo que perder uma pode ser um sério golpe no coração e na caixa registradora. Em fevereiro de 2003, em meio a boatos de que o famoso restaurante La Cote d'Or, na Borgonha, seria rebaixado da cotação mais alta, de três estrelas, para duas, Bernard Loiseau cometeu suicídio, deixando o restaurante nas mãos de sua viúva e três crianças pequenas. A tragédia despertou o mundo quanto à pressão sob a qual esses sistemas de crítica colocavam chefs e donos de restaurantes. O *Guia Michelin* teve sua primeira edição americana no outono de 2005, o *Relais et Château* já classificava estabelecimentos americanos e fora de Nova York, e as estrelas do *Mobil Travel Guide* são um respeitável sistema de classificação. Mas, dentro de Nova York, ainda é o *Times* que manda.

Numa noite após o trabalho, André e eu discutimos sobre o arbitrário sistema de estrelas. Depois daquela degustação biodinâmica de vinhos, começamos a nos encontrar no Coliseum, o bar em que todos os nossos colegas de trabalho se reuniam. Logo estaríamos saindo escondido, sozinhos. Alguns amantes ilícitos freqüentam motéis baratos; nós freqüentávamos botecos fuleiros, nos quais certamente não conheceríamos ninguém. Numa dessas ocasiões, tentamos montar uma explicação bem didática sobre a classificação por estrelas para nossos amigos e familiares que não tinham a menor idéia da empolgação que isso representava para nós. Sugeri que comparássemos o sistema de estrelas aos esportes, de que as pessoas pareciam entender e gostar. André me ajudou com os detalhes. Os restaurantes quatro-estrelas seriam os profissionais: todos os apreciadores respeitáveis de gastronomia estariam a par das novidades sobre eles. Os três-estrelas seriam equivalentes aos times de faculdades: bem conhecidos, mas sem o brilho dos profissionais. Duas-estrelas eram como os times locais – talvez de nossa cidade natal ou de uma faculdade pequena: esses são os restaurantes aos quais íamos, lugares com boa comida, bem informais e onde todos sabem o seu nome. Os de uma estrela e os sem estrela nenhuma são os times de ensino médio: o máximo que possuem é a energia e, no pior dos casos, olhamos para o relógio a cada cinco minutos para ver a que horas vai terminar.

Desde 1º de junho, os olhos dos apreciadores de gastronomia de Nova York haviam se voltado para Frank Bruni e os profissionais. Será que o sr. Bruni, ávido para se mostrar rigoroso porém justo, rebaixaria algum dos restaurantes quatro-estrelas? Na cidade, cinco restaurantes detinham tal distinção e, com exceção de um, todos eram franceses: Jean-Georges, Le Bernardin, Daniel, Alain Ducasse at the Essex House e Bouley. E, embora David Bouley fosse americano, seus pratos e suas técnicas eram franceses.

Ao contrário de William Grimes, antecessor de Bruni, e cujas preferências e excentricidades eram bastante conhecidas, Frank Bruni era um mistério. Nós só sabíamos que ele havia morado na Itália nos últimos anos, trabalhando como correspondente político, e que escrevera um livro sobre George Bush. Será que ele gostava de ser paparicado ou deixado em paz? E para lhe servir, será que preferiria uma atriz desempregada, de bom coração, ou um francês enfadonho, com um guardanapo pendurado no braço imóvel? Mesa na janela ou uma com vista para o salão de jantar? Chardonnay californiano ou Borgonha branco?

Entre a aposentadoria de William Grimes e a primeira crítica do sr. Bruni, Amanda Hesser atuou temporariamente como crítica do *Times*. Mais tarde ela veio ao Per Se, presumivelmente não para escrever uma crítica, mas nunca se sabe. Tínhamos quase certeza de que era ela, mas foi seu marido, o famosamente relutante "sr. Latte", que entregou o jogo. Eu tinha o livro dela, *Cooking for Mr. Latte* (Cozinhando para o sr. Latte), sobre o namoro dos dois, e ela havia descrito com perfeição o olhar doloroso que ele possuía. Os antigos críticos da revista *New York*, Gael Greene, e da *Times*, Mimi Sheraton e Ruth Reichl, também jantaram no Per Se. Quando ainda atuavam nessa área, eles tinham estilos diferentes, mas todos eram conhecidos por tomarem grande precaução em se disfarçar. Será que o sr. Bruni também tentaria o mesmo? William Grimes viera ao meu último restaurante, sem disfarce. Ele experimentou quase tudo do menu, sob os olhos examinadores de câmeras escondidas, ligadas a telas na cozinha. Cada movimento era analisado pelos gerentes e chefs, com os olhos grudados nas telas, como também por um dos donos, que espiava do outro lado da sala, onde fingia jantar.

Para ser justo, o trabalho de um crítico é duro e altamente observado. Poucos leitores se diriam mais qualificados que os especialistas que analisam, digamos, os veredictos da Suprema Corte ou as novas descobertas em astrofísica. Mas, em termos de comida, todos se consideram especialistas. Porém, uma coisa é jantar fora algumas vezes por semana. Outra coisa é comer fora de sete a dez vezes. Quando o cliente-padrão encontra um espaguete indiferente e um serviço rude, ele registra isso na memória para jamais voltar. Quando um crítico vivencia tal drama, ele não apenas deixa de voltar, mas sofre passando pelo menu inteiro, ao longo de múltiplas visitas, e força seus amigos a voltarem com ele. Imagine o convite:

— Você gostaria de jantar comigo no pior restaurante em que comi este ano? Eu pago...

Ainda assim, durante o verão de 2004, no Per Se, a empatia pelo crítico mal interpretado e com excesso de trabalho era a última coisa que passava em nossas cabeças. Todos os dias, na breve reunião que antecedia a abertura do restaurante, ouvíamos uma variação do mesmo discurso aterrorizante: todas as mesas devem ser tratadas como se fossem de um crítico. É claro que, por um tempo, realmente dava a sensação de que havia um crítico em cada mesa. Mas logo começamos a brincar uns com os outros.

– O Bruni está na sua seção esta noite!

– Sem chance, eu o vi na mesa 7.

E, SUBITAMENTE, ELE *estava* na mesa 7. Nós o esperávamos a qualquer momento, e ele ainda conseguiu aparecer quando menos esperávamos. Ele era um pouco mais magro do que na foto, mas tinha o mesmo cabelo castanho, tradicionalmente repartido do lado, e os mesmos olhos castanhos. Estava com um terno simples. Resumindo, ele se deu bem com o visual de homem comum. Infelizmente, nós só o identificamos depois que Patrick já tinha anotado o pedido – em seu primeiro dia oficial como garçom. Aos olhos da gerência, essa não era uma receita para o sucesso. No entanto, como Patrick já tinha recebido o pedido, não havia como transferir um garçom mais experiente para aquela seção sem levantar suspeita; portanto, ele terminou o atendimento da mesa. Quaisquer olhos que não estivessem no sr. Bruni estavam em Patrick.

Os gerentes se esgueiravam pelas sombras e por trás de arranjos de flores; os maîtres andavam de um lado para o outro, no salão, tentando parecer ocupados. Como não havia nada que pudesse nos pautar, era difícil interpretar o comportamento reservado do sr. Bruni como inerente à sua personalidade ou como se estivesse sofrendo. Ou talvez ele estivesse um pouquinho nervoso; afinal, essa seria uma de suas primeiras críticas de peso.

Apesar do estresse, Patrick foi magnífico. Ele até soltou uma de suas piadas sarcásticas, pelas quais se tornara famoso no restaurante. No início da refeição, alguém na mesa foi servido com a *rillette* de coelho, o que não foi muito bem. Além da tainha e dos *sorbets* estranhos, que nossa confeitaria preparava, a *rillette* era um daqueles pratos que despertavam sentimentos fortes nas pessoas. Algumas a pediam assim que se sentavam, outras a achavam seca, fibrosa ou salgada. A mesa do sr. Bruni caiu nessa última categoria, causando muita ansiedade na cozinha. Quando Patrick chegou, quatro pratos depois, para servir a sobremesa, o clima ainda estava um pouquinho tenso. Nesse prato, o papel de Patrick era despejar chocolate morno em cima de uma generosa bola de sorvete de laranja aromatizado com baunilha. Depois de alguns segundos o chocolate ia endurecer, formando uma casca, bem parecida com picolé cremoso com casca de chocolate dura. Durante o silêncio enquanto ele despejava, Patrick comentou que deveria ter feito o mesmo com o coelho. Houve uma pausa e a mesa caiu na gargalhada, e um suspiro coletivo foi ouvido pelo restaurante. Uma visita já tinha passado, faltavam pelo menos mais duas.

Parecia que todos tinham uma teoria diferente quanto à volta de Frank Bruni. Ele viria num domingo, já que em geral esse era o dia de folga do chef. Ele visitaria duas vezes seguidas. Ele esperaria um intervalo de duas semanas, para ver se havíamos melhorado. Ele teria de vir para o almoço. Ele não viria no almoço. Ele estaria planejando finalizar a crítica quanto antes. Ele tentaria adiar até o outono, quando os leitores voltam de férias. Eu devo acreditar que essa especulação ocorria tanto no salão de jantar quanto fora.

Todos os restaurantes têm maneiras de saber quando um crítico está chegando. Tem gente que dá a dica – inúmeras fontes do meio. Há a descoberta inesperada – às vezes, pela própria equipe, às vezes, por algum amigo do ramo de restaurante que está jantando. Aliás, os gerentes e os maîtres até são conhecidos por aparecerem em outros restaurantes quando ocorre de um crítico ser reconhecido, para saberem por quem deverão procurar no futuro. Com freqüência os restaurantes mantinham um registro de telefones e, quando suspeitam de alguém, verificam se determinado número já foi usado antes.

Se alguém começa a fazer uma porção de perguntas, sempre há um sinal. Adam Platt, da revista *New York*, era conhecido por isso e, na verdade, fez uma de nossas melhores cumins chorar quando fez uma pergunta. Ele não perguntou o que havia no prato (o que ela sabia de cor), nem perguntou a origem dos ingredientes (os fornecedores cujos nomes ela conhecia, como possivelmente seus rostos), nem de onde vinha nossa porcelana (o que ela poderia apontar num mapa). Segundo a cumim, ele perguntou de que nossos *escargots* se alimentavam.

Outro crítico razoavelmente malquisto chegou às 22h, já tendo jantado. Ele e seu convidado deram uma garfada em cada prato, incluindo as casquinhas de salmão, e os deixaram de lado. Depois de dois pratos, nós não apenas sabíamos de quem se tratava, como também sabíamos para onde queríamos mandá-lo.

Nós tínhamos, de fato, novas informações: o sr. Bruni havia voado até a Califórnia e jantado no French Laundry. Laura o reconheceu enquanto ele e seu convidado tomavam champanhe no jardim, antes de se sentarem. O chef Keller, que ainda passava a maior parte do tempo na Califórnia, se ofereceu para preparar um menu especial, e Bruni aceitou. Nós esperávamos que o sr. Bruni visitasse o French Laundry por motivo de pesquisa, mas será que sofreríamos por isso? Será que ao menos poderíamos esperar competir com Thomas Keller na cozinha, uma equipe de dez anos de entrosamento e um jardim repleto de beija-flores voando e flores desabrochando? Começamos a armar a estratégia para a próxima visita.

DE CERTA FORMA, nós tentamos estar prontos para o sr. Bruni da próxima vez que ele viesse. Houve uma certa discussão sobre quem deveria atendê-lo. Deveria ser alguém experiente, do French Laundry, ou alguém do Per Se? A diva dentro de mim queria a mesa, desesperadamente. Eu adorava correr esses riscos, a sensação de performance, de que aquilo que eu fazia importava de verdade. Uma parte maior de mim suava em bicas sempre que eu pensava nisso. Por fim, ficou decidido que Michael ficaria com a mesa, já que havia passado um tempo em ambos os restaurantes e atendera o sr. Bruni na Califórnia. Quando cheguei para trabalhar naquele dia, o diretor de operações me chamou até a pequena sala privativa, ao fim do salão de jantar principal. Através da imensa janela de vidro, vi os outros garçons nos olhando, enquanto arrumavam suas mesas.

— Vou direto ao assunto — começou ele. — Queremos que você seja a cumim de Michael na mesa de Bruni, esta noite.

Meu coração partiu. Esse era o pior dos mundos — toda a tensão e nada de diversão. Não apenas por eu detestar o trabalho de cumim, mas por eu não trabalhar nessa função há tempos e estar totalmente fora de forma. Logo me veio à cabeça um lampejo de uma seqüência de infortúnios, como derrubar o cesto inteiro de pães no carpete, derramar água por cima da mesa, colocar os talheres errados, ou simplesmente perder o ritmo e ficar perdida. Tendo conseguido fazer tudo isso havia pouco tempo, meus temores estavam longe do irracional.

— Eu não sei... estou realmente fora de forma para isso. Tem certeza de que não quer que a Mona seja a cumim? — Eu considerava minha amiga Mona a melhor cumim e bem mais educada do que eu seria.

Depois de um instante, respirei fundo e concordei. A parte boa de ficar como cumim era que eu poderia observar o sr. Bruni e aprender seu estilo e suas particularidades antes de recebê-lo à mesa na próxima vez. Quando isso acontecesse, eu poderia escolher quem eu quisesse para ser meu cumim. Mona repassou os talheres para a maioria dos canapés, lembrando-me de que era preciso um garfo pequeno para ostras ou uma colher apropriada para caldos, quais carnes exigiam facas de serra, os nomes de todos os pães – todas as coisas nas quais eu havia parado de prestar atenção. Repassei a técnica francesa que havia praticado durante horas logo que começara no emprego, segurando duas colheres juntas, como uma pinça, e cuidadosamente empilhando fatias finas de pão de nozes, que serviríamos com o prato de queijos, numa travessa de pães.

O sr. Bruni realmente veio naquela noite. Ele se sentou com outro crítico de gastronomia, que também reconhecemos, e outros dois amigos. Apareceu depois de seus convidados, usando óculos cor de ameixa, ao estilo do fim dos anos 1970. Não se barbeava havia pelo menos uma semana e lembrava um pouco os moderninhos de Williamsburg, exceto pelo jeans de US$ 200 e o boné. Achamos divertido, mas não fomos enganados. Gostei de ter sido esse o disfarce que ele escolheu e de ter tirado os óculos depois de vinte minutos, quando todos sabiam quem ele era.

Eles estavam certos; marcar a mesa a cada rodada, servir a água e retirar os pratos me deu uma boa noção da personalidade do sr. Bruni. Ao contrário de alguns críticos, que parecem começar cada refeição com uma postura de que devem ser convencidos a se divertir, o sr. Bruni veio para a mesa como se estivesse pronto para se divertir e nos convidando a fazer com que isso acontecesse. Para alívio de J.B., o chef de cozinha, ele concordou com um menu extenso, exatamente como fizera no French Laundry. Dessa forma, se ele estivesse comparando os dois restaurantes, ao menos seria uma comparação justa – quer dizer, se eu não derrubasse uma tigela de sopa em seu colo. Na esperança de confeccionar tal menu, J.B. havia preparado uma tabela de antemão. Ela foi dividida em duas colunas, para quatro clientes. Cada fileira tinha preparações diferentes para cada prato. Eles começariam com quatro sopas frias (quatro colheres para sopa), seguidas de preparações de caviar (quatro colheres de madrepérola, um garfo para a ostra em conserva e uma colher de chá de cabo bem longo e fino para nosso *granité* de maçã) e daí em diante. Eles devem ter comido por volta de vinte rodadas, com cerca de oitenta pratos diferentes.

Já ouvi críticos falarem sobre a forma como fazem suas observações enquanto estão no restaurante. Alguns têm um microfone escondido, outros, um bloquinho. Eu me lembro de um que disse ter dividido entre seus convidados a responsabilidade de se lembrar de todos os pratos. O sr. Bruni ainda tinha de descobrir como resolver isso, e levantava depois de cada prato, claramente indo escrever no banheiro. Isso era um pesadelo para a cozinha, pois nós nunca servíamos refeições à mesa enquanto alguém estivesse em pé. Também era imperativo que a comida fosse perfeita, o que significava que muitas vezes eles precisavam que começar do zero. Na noite da segunda visita, ansiosos pela compensação do incidente com a *rillette* de coelho, o pessoal da cozinha preparou uma degustação de coelho, no qual seriam servidos uma minúscula costelinha com três ossinhos do tamanho de palitos de dente, com um rim cujo diâmetro equivalia a uma moeda de dez centavos. Corey, o sous-chef, estava trabalhando na seção de carnes naquela noite, e precisamente posicionando a última folhinha de cerefólio entre as costelas quando o cumim entrou na cozinha.

– A mesa 3 levantou!

Todos xingaram e ergueram as mãos antes de se acalmarem e esperarem, ansiosamente e em silêncio, desviando os olhos do relógio na parede para o prato de coelho, que esfriava a cada minuto. Os minutos se passaram enquanto o sr. Bruni escrevia feito louco, em seu cubículo, no banheiro.

– Refazer o prato – J.B. finalmente disse, empurrando quatro pratos perfeitos na direção da seção de lavagem de louças, com um gemido de frustração.

– A mesa 3 voltou! – exclamou sem fôlego o cumim que havia sido designado para ser os olhos do salão de jantar.

– Perfeito – respondeu J.B. com uma calma forçada, sabendo que levaria alguns minutos até conseguir despachar outro coelho. Isso não aconteceu poucas vezes ao longo da noite. E depois todos cruzaram os dedos, torcendo para que outro cliente não fosse achar que aquela era uma ótima hora para fazer uma ligação, fumar ou escrever um romance inteiro no banheiro.

Até a hora em que a mesa 3 chegou ao fim de sua refeição, eles eram os únicos que haviam sobrado no salão de jantar. Embora eu não tivesse derramado nada e houvesse conseguido manter cheios a cesta de pães e os copos d'água, não chegava a me sentir vitoriosa. O sr. Bruni voltaria. E, da próxima vez, eu teria de falar.

– A segunda melhor refeição da vida dele – disse Michael, com sua voz desafiadora de sempre, ao trazer os últimos pratos de sobremesa e passar pela ansiosa seção de doces, entrando na sala de louças.

– É a segunda só depois da última refeição que fez aqui no Per Se – retrucou Corey, sabendo perfeitamente que Michael estava se referindo ao French Laundry.

Notei inveja nesse comentário. Corey e eu nunca tivéramos uma conversa tão descontraída. Na verdade, todas as vezes que tentávamos falar um com o outro, tudo parecia ficar pior a cada segundo que passava. Eu aparecia na cozinha nos momentos inadequados, fazia perguntas em excesso durante o serviço e dava detalhes demais sobre os pedidos dos clientes. Porém, quanto mais sarcástico, curto e grosso ele era comigo, mais eu me empenhava em tentar encontrar seu lado bom, se é que havia um. E quanto mais eu tentava, mais o irritava. Um dia, no fim do turno, torcendo para descobrir o lado mais brando de Corey, depois do horário, enfiei a cabeça em seu escritório para lhe desejar boa-noite. Ele nem ergueu os olhos.

– Corey, por que você me odeia tanto?

– Eu não odeio você – disse ele, com desdém, ainda sem olhar para mim.

– Nunca tive tanta dificuldade em me comunicar com alguém na minha vida – disse eu. Corey largou a caneta e se virou na cadeira.

– Você é uma daquelas pessoas que precisam que todos gostem de você o tempo todo?

– Hummm, acho que sim... – eu não tinha certeza se essa era a resposta certa para a pergunta.

– Não sou esse tipo de pessoa. – Ele se virou novamente na cadeira e pegou a caneta outra vez.

– Dá para perceber – disse eu, ele de costas, e fui caminhando pelo corredor, rumo à saída. Como sempre, fiquei dividida entre estar ferida por seu comentário e impressionada por alguém conseguir ser tão insensível. Resolvi, como sempre fazia, depois de uma troca estranha como essa, não deixar que ele me atingisse. Mas eu sabia que ainda ia tentar ganhar sua simpatia.

André, Frank e agora Corey.

— Dica —

EM RESTAURANTES MAIS FORMAIS, AVISE QUANDO FOR SE LEVANTAR
PARA FUMAR OU DAR UM TELEFONEMA. MELHOR AINDA: AVISE COM UM
PRATO DE ANTECEDÊNCIA, PARA QUE O CHEF NÃO COMECE A PREPARAR
SEU PRATO ANTES DE VOCÊ VOLTAR.

SEM RODEIOS

— Restaurantes não têm tudo a ver com cocaína e sexo? – interrompeu meu primo. Não me lembro sobre o que eu estava palestrando, mas provavelmente era algo fascinante, como a estrutura variada de cristais de sal, ou por que as camisas dos uniformes femininos não têm golas. Respondi que certamente há inúmeros restaurantes desse tipo por aí, porém meus colegas e eu preferimos nos ater às degustações de vinho como recreação. E então ele me encarou com um olhar que eu não via desde a sétima série.

Mas a pergunta dele fazia algum sentido. O trabalho é propício às noitadas e festanças. Alguns abusam do uísque; outros, dos hambúrgueres com bacon. No fim de um turno puxado, um garçom fica "ligado" por pelo menos oito horas, correndo de um lado para o outro do restaurante, cedendo aos caprichos dos clientes e dos chefs, quase sem tempo para beber água ou ir ao banheiro. O sujeito está exausto, faminto, irritadiço e totalmente desperto. Por sorte, todos os seus colegas também estão nas mesmas condições, então, eles pegam sua parte nas gorjetas (ou a promessa da gorjeta) e saem por aí. O Per Se não era exceção.

Além de compartilharmos o apelido de "chef", havia um clima de amizade entre o pessoal do restaurante. Nós nos entrosamos durante o treinamento. Depois que abrimos, trabalhávamos juntos todas as noites, o que significava que não só conhecíamos bem nossos colegas, como também dependíamos deles. E, mais importante, nos reuníamos para nossa "refeição familiar" todas as noites, exatamente como o presidente Bush recomendava a todas as famílias, para que seus filhos crescessem com valores sólidos, a fim de se tornarem carregadores de armas, indivíduos anti-aborto, pró-aborto, consumidores vorazes de gasolina, fomentadores de guerra, monolíngües, homofóbicos, especialistas em grampo telefônico, cristãos proselitistas, a favor de alimentos geneticamente modificados, depositários de células tronco, criacionistas abstêmios. Opa! Acho que acabei de perder todos os meus leitores dos estados republicanos. Para compensar, deixo que vocês percam o meu voto. A refeição familiar do Per Se não tinha exatamente esse efeito, mas era uma oportunidade de nos conhecermos melhor.

A refeição familiar, chamada de "refeição da equipe" em alguns restaurantes, é uma fonte certa de comida grátis não-confiável. Todo mundo sabe que quando o peixe perde o seu frescor absoluto, o padeiro queima o pão, os ingredientes do risoto ferveram, em vez de escaldarem, tudo é aproveitado para a refeição familiar. Se há peito de pato no menu, pode apostar que haverá coxas de pato na refeição familiar. Porém, não importa quanto todos reclamem e ameacem levar sua própria comida no dia seguinte, todo mundo enche o prato até não poder mais.

No Per Se, cada seção da cozinha assumia a responsabilidade por um dos pratos da refeição familiar. O *garde manger* fazia a salada, o setor de peixes preparava o peixe, o de carnes fazia a carne, e assim por diante. De vez em quando, a cozinha se empenhava ao máximo e criava algumas extravagâncias culinárias, como a refeição familiar com tema mexicano, em que alguém elaborou um molho com melancia que deixaria o de tomate com vergonha. Lembro-me do dia da comida indiana, que era acompanhada por um imenso tonel de *lassi*, para que colocássemos nas embalagens para viagem. Uma vez, o sous-chef com talento para comida sulista inventou um frango frito com churrasco de carne de porco e pão de milho tão bom que foi até aplaudido. Todas as semanas havia o dia do sanduíche, em geral na sexta, e o dia da pizza, normalmente no sábado. Fora isso, a cozinha sempre nos surpreendia.

A refeição familiar era servida às 16h20 em ponto, e a equipe do salão, que já havia passado as toalhas a ferro e polido as jarras de água, fazia um prato para cada um dos cozinheiros, que ainda estavam concluindo sua arrumação, colocando tudo nos devidos lugares de modo frenético, para o turno da noite. Embora os chefs fossem beliscar nas próximas horas, experimentando a paleta de cordeiro e os molhos, a equipe do salão não voltaria a comer nas oito horas seguintes. Além disso, por mais tarde que tivesse saído na noite anterior, um garçom podia ter até engolido uma xícara de café com um pãozinho antes de se arrastar para o trabalho, mas a refeição familiar provavelmente seria sua primeira refeição do dia. Quando seu turno terminasse, entre meia-noite e 2h, ele precisaria se sentar, tomar uma cerveja e ingerir alguma proteína.

– Como é que você continua magra comendo esse tipo de comida? – os clientes costumavam perguntar, lambendo o caviar das colheres de madrepérola. Estava além da minha compreensão como eles podiam pensar que o restaurante continuaria funcionando se alimentasse 150 funcionários com foie gras e lagostins escoceses.

Se não fosse de graça, eu teria perguntado por que eles escolheram 16h20 como o horário da refeição no Per Se. Já era estranho que não tivessem arredondado para 16h15, ou 16h30, mas, em alguns lugares, "quatro e vinte" tinha um significado especial. Em Burlington, Vermont, onde cursei o ensino médio, "quatro e vinte" era o código para maconha. O "cara quatro e vinte" significava qualquer coisa desde: "Você gostaria de dar um pulinho lá atrás da escola?" até "Acabei de voltar do matagal atrás da escola, meus olhos estão vermelhos?". Desnecessário dizer que fazíamos várias piadinhas durante nossa refeição familiar, mas aqueles que sabiam do que estávamos falando preferiam ficar na deles. Quando se tratava de comprar a peso, desconfio de que a maioria de nós optaria por caviar, em vez de bagulho.

Exceto por dois cumins muçulmanos e alguns vegetarianos da equipe, eternamente cansados, a maioria de nós comia de tudo, quanto mais estranho, melhor. Durante a arrumação diária do salão, antes da nossa refeição familiar, o assunto mais comum era onde havíamos comido em nossa última folga, ou o que faríamos na próxima. Compartilhávamos dicas de onde comprar as melhores vísceras de boi ou crista de galo, nos compadecíamos das esposas exigentes e, às vezes, tínhamos discussões inflamadas. Um dia, quando falávamos sobre o Landmarc, um novo bar noturno com uma carta de vinhos nem um pouco cara, um dos cumins mencionou o tutano assado.

– Não tem como ser melhor do que o do Blue Ribbon – disse Patrick.

– Mas parece que é. – As sobrancelhas se enrugaram, as flanelas pararam no meio do polimento e um silêncio recaiu sobre o salão. O rosto de Patrick corou antes que ele conseguisse responder.

– Por favor, diga-me como isso é possível – falou ele, tentando parecer calmo.

Foi o início de uma séria discussão que chegou até a cozinha, onde os cozinheiros discutiam aspectos técnicos sobre a importância da acidez na geléia e como o osso deve ser cortado. Era evidente que precisávamos resolver a questão e só havia uma forma de fazer isso: uma degustação de tutano.

Quando a gerência liberou a escala da semana seguinte, Patrick e eu ficamos empolgados ao ver que ele ganhara folga na quarta-feira, o dia em que eu tinha aula na faculdade. Também inscrevi Gabriel, um dos maîtres, e tentei, sem sucesso, convencer Corey.

– Você já experimentou o tutano do Per Se? – perguntou ele, depois de mentir quanto a ter de trabalhar.

– Não, devo ter perdido alguma de nossas refeições familiares – respondi, com sarcasmo, percebendo, tarde demais, que tinha arrumado sarna pra me coçar.

Patrick e Gabriel convidaram suas companheiras, a quem não vinham dando muita atenção ultimamente. Mandy, namorada de Patrick, relutou, mas acabou concordando em ir, porém a noiva de Gabriel disse que aquilo era um nojo e estipulou um toque de recolher. André estava trabalhando, mas mesmo que não estivesse, tentávamos evitar atividades sociais com o pessoal do Per Se.

Depois de fazer uma pesquisa não-científica com nossos colegas de trabalho, decidimos que havia três lugares para ir. Começaríamos pelo Landmarc, o novo estabelecimento mencionado, pois sua carta de vinhos era notável e, mais importante, barata, e poderíamos ficar bebendo até chegar a um acordo. Depois disso, seguiríamos até o Blue Ribbon e terminaríamos no Crispo, um restaurante italiano na rua Quatorze, cujo tutano eu havia sugerido e secretamente torcia para ser o escolhido.

DEPOIS DA AULA de quarta-feira, encontrei Gabriel, Patrick e Mandy esperando por mim no bar. Atrás deles, um braseiro aberto reluzia; ao fundo, filés pendurados defumavam. O Landmarc tem o visual típico de Tribeca: tetos altos, tijolinhos expostos e certa elegância industrial. Nos meses de verão, montam três ou quatro mesas pequenas na frente, do lado de fora, para que os clientes que estão jantando possam desfrutar da fumaça das chaminés de West Broadway e a vista dos bares esportivos do outro lado da rua, que pulsam ao som de rock. Os três já haviam consumido alguns coquetéis e tinham encontrado amigos sommeliers de outros restaurantes, que pareciam intrigados com a nossa pesquisa.

– Avisem-nos quando forem fazer a degustação de vísceras de boi – disseram eles quando nos mudamos para uma das mesas.

Prometemos à recepcionista que ela teria a mesa de volta em menos de uma hora. Optamos por dois pedidos de tutano, batatas fritas e o prato de foie gras, que nenhum de nós havia experimentado ainda. Gordura, gordura e mais gordura. Sugeri que tomássemos o mesmo vinho em todos os restaurantes, mas Patrick discordou, argumentando que os acompanhamentos do prato deveriam determinar a nossa seleção de vinhos. Ele pediu um Chassagne Montrachet premier cru, e resolvi deixar o grupo de controle para cientistas mais sérios.

Depois de fazer nossos pedidos à garçonete perplexa, estabelecemos o critério segundo o qual faríamos o julgamento. Primeiro e mais importante, os ossos em si. O tutano precisava estar em boas condições, fácil de manejar e bem temperado. Por boas condições entenda-se que ele precisava ter a consistência de uma gelatina para ser saboreado sem muito esforço, como qualquer comida gordurosa, desde a manteiga até o foie gras. Decretamos que o pão, a geléia e os acompanhamentos escolhidos deveriam complementar o prato, mas tinham de ser avaliados individualmente.

O pedido incluía três ossos, cada um deles com 7,5 centímetros de altura, cortados de forma que se pudesse chegar ao tutano dentro deles por cima, e eram servidos com um pequeno garfo de madeira para escavá-los. Experimentamos as primeiras garfadas em silêncio, espalhando o tutano translúcido sobre o pão e cobrindo com a geléia, que era uma mistura picante de cebola e vinho do Porto. O sal grosso, para ser salpicado em todo o prato, foi servido numa caçarola de ferro, pequena o suficiente para caber na palma da mão. Um toque especial.

– Está certo, tenho algo a declarar – disse Gabriel, num tom autoritário, pigarreando, enquanto arrumava os óculos com armação fina de metal. Até aquele momento, ele não estava encarando a experiência tão a sério quanto alguns de nós, mas isso parecia prestes a mudar. – Este pão acabou com o meu tutano.

A forma como disse isso me lembrou uma chamada de noticiário. Na verdade, Gabriel sempre dava a impressão de que tinha algo muito importante a dizer. Ele não apenas caminhava; desfilava com a cabeça altiva e as costas tão retas quanto a risca de seus cabelos. Durante a reunião que precedia o turno de trabalho, se algo o aborrecesse, seu rosto ruborizava ligeiramente, como se tivesse acabado de ser esfolado.

Como sempre, ele estava certo. O pão estava tostado demais, o que dava um gosto de queimado ao sabor já forte do tutano. Isso não quer dizer que não comemos todo o tutano, o foie gras e um cesto inteiro de batatas fritas (deixando mentalmente registrado que deveríamos pedi-las mais crocantes da próxima vez).

Nosso tempo estava quase terminando quando tomamos o restante do vinho e depois nos apressamos para sair e pegar um táxi. Em poucos minutos estávamos na rua Spring. Comparado a Tribeca, com suas ruas largas, repletas de fábricas e galpões reformados, o Village dá a impressão de ser uma antiga casa de bonecas. As ruas são estreitas, os prédios são pequenos e cada loja da moda parece fazer par com o café ao lado.

A palavra *aconchegante* é excessivamente utilizada em Nova York – em geral usada para definir os apartamentos desagradavelmente pequenos –, mas sempre que eu a ouço, imagino o Blue Ribbon. O piso é inclinado e range, com mesas tão próximas que quando você espreme uma casca de limão sobre sua lula frita é provável que acerte tanto seu vizinho quanto seu acompanhante à mesa. Fileiras de vitrines resfriadas de camarões, ostras, moluscos e estranhas patas de lagostas penduradas na borda ficavam no alto, acima de vários clientes. Nós convencemos a recepcionista a nos dar uma das mesas vazias que estava reservada para outro cliente.

– Vamos sair daqui rapidinho – Patrick assegurou ao garçom que surgiu depois que já estávamos sentados. Como sempre, ele pediu um Calera Pinot Noir, que acreditava fazer justiça à geléia de rabada. Ele viera propagando essa geléia ao longo da corrida de táxi. Uma geléia "máscula", proclamava ele. Eu lhe disse para não induzir o júri.

– Só para ficar registrado, são 20h40 e estamos sentados no Blue Ribbon – disse Patrick, fingindo-se de sério, depois de pedir o vinho.

Para muita gente que trabalha em restaurantes, o Blue Ribbon representa um segundo lar. Está sempre movimentado, a comida em geral é boa e eles funcionam até as 4h. Eu já estive ali muitas vezes, com André e outros amigos do Per Se, mas não me lembrava de jamais ter pisado nesse *point* do West Village antes da meia-noite. Desdobramos nossos guardanapos e atacamos o pão morno e arredondado, polvilhado de farinha, sobre a tábua, no centro da mesa. Todos sabíamos o menu de cor, mas esta noite não havia necessidade de escolher; estávamos ali somente para uma coisa e nada mais.

Eu tinha dificuldade de admitir que estava errada com freqüência, mas, nesse caso, ficou claro. Não havia como melhorar a perfeição do tutano servido pelo Blue Ribbon. Para começar, os ossos eram cortados nas duas extremidades, o que possibilitava – conforme demonstrado pela destreza de Gabriel – deslizar o garfinho de madeira ao redor do tutano, soltá-lo e simplesmente colocar o osso de lado. Sobre o prato, permanecia um cilindro perfeito de tutano levemente oscilante, para ser espalhado generosamente sobre os triângulos grossos e adocicados de brioches dourados, fresquinhos. E eu tive de argumentar que a geléia de rabada, exuberantemente encorpada, com sua *brunoise* de cenoura e cebolas, não era apenas "máscula", mas a parte realmente memorável do prato.

Estávamos lentos e fartos ao nos arrastarmos em direção à porta.

– Como estavam os ossos? – perguntou nosso garçom. Eu já gostei dele só por ter feito essa pergunta.

Mandy, que até então havia sido uma animada companhia, jurou que não suportaria mais nem um grama de gordura.

– Será que podemos pedir ao menos algo verde? – implorou ela, enquanto todos sentávamos e escorregávamos no banco traseiro do táxi, dando tapinhas em nossas barrigas como se estivéssemos pedindo desculpas por aquilo tudo.

– Sim, mas nós precisamos nos revigorar! – disse eu, me empenhando para reanimá-los.

– Crispo é o azarão – murmurou Patrick, como se tivesse ressuscitado diante do desafio. Gabriel olhou para o relógio.

Na verdade, eu já imaginava qual seria o veredicto e não fiquei surpresa quando o tutano do Crispo ficou muito aquém ao ser comparado ao do Blue Ribbon, e mesmo ocupando o terceiro lugar ainda estava bem distante do Landmarc. Os ossos, apesar de cortados em diagonal e de manuseio bem fácil, estavam recobertos por uma mistura de farinha de rosca que estranhamente lembrava o sabor de peixe, como se tivessem sido mergulhados em gordura de sardinha.

– O que não seria mal, se isso fizesse parte do prato – disse Mandy, mastigando satisfeita uma salada de presunto cru defumado e maçã, da qual removera todo o presunto. – Mas tenho a sensação de que isso foi feito inadvertidamente.

A essa altura, o telefone de Gabriel tocou e, obediente, ele seguiu ao encontro da noiva, que teria pouca compaixão por sua barriga dolorida. Mandy, Patrick e eu fomos deixados com uma terrível garrafa de Rosso de Montalcino, uma pilha de presunto e uma montanha de tutano à nossa frente.

– Não conte comigo para aquela degustação das vísceras de boi – informou-me Patrick.

– **O BRUNI ESTÁ** na mesa 6! – anunciou Patrick numa noite, logo após nossa degustação, com o brilho habitual que tinha no olhar e um sorriso torto. Ele já cumprira a sua porção de responsabilidade com Bruni e estava feliz em passá-la adiante.

– Não, Patrick, acho que ele está na sua seção esta noite – respondi, com expressão de enfado. Eu já estava ficando cansada dessa piada.

– Não mesmo, Phoebe, o sr. Bruni está na mesa 6. – Ele falava sério, e eu estava seriamente prestes a vomitar. Eu estava servindo um menu VIP para um pessoal da *Food & Wine* na mesa 3, os Zagat e seu pedido repleto de exigências na mesa 4, e tentava arrumar a mesa 5 para um cara que acabara de escrever uma biografia de algum *restaurateur* (estava ocupada demais para prestar atenção quando o maître me deu os detalhes, um pouco antes).

Espiei do cantinho do salão. Era mesmo o Frank. A *Food & Wine* desapareceu da minha mente, alguma outra pessoa poderia afagar os Zagat. Esse era o momento pelo qual estivéramos aguardando. Tecnicamente, essa poderia ser sua última visita, já que a maioria dos críticos costuma visitar um restaurante três vezes.

André serviu o champanhe e eu apresentei os menus aos clientes, me posicionando de modo que ficasse de frente para o sr. Bruni. Ele estava bem mais tranqüilo esta noite e eu comecei a me divertir também. Ele e outro cavalheiro da mesa pediram o menu degustação de legumes, enquanto duas senhoras optaram pelo menu degustação do chef, com *torchon* de foie gras, uma revogação da norma. A noite seguiu razoavelmente sem grandes acontecimentos, no bom sentido, até o prato de queijos. Eu acabara de servir os queijos e estava falando do Tarentaise, de Vermont, quando uma das mulheres à mesa exclamou com entusiasmo:

– Oh, o Tarentaise, nós escrevemos sobre esse queijo! – e depois, percebendo que eu provavelmente teria visto a imensa roda de

Tarentaise, na capa da seção culinária do *New York Times,* na semana anterior, colocou uma das mãos sobre a boca.

– Certo – respondi, tranqüila, e tentando não rir. Mas todos da mesa caíram na gargalhada e finalizei a minha apresentação, sabendo que ele sabia que eu sabia e que ele sabia que eu sabia que ele sabia.

Relaxada, confiante e aliviada por estar quase no fim do atendimento da mesa de Bruni, comecei a tomar providências para uma última rodada surpresa. A apresentação "Michael Jackson" foi assim intitulada por causa da luva branca única que se usa para manusear cada chocolate individualmente. Há seis fileiras, no total: duas de chocolate ao leite, duas de meio amargo e duas de branco, dos quais os clientes eram convidados a escolher quantos quisessem. Billy, um de nossos cumins mais habilidosos, estava em pé, diante da mesa, de frente para o sr. Bruni, com a bandeja, conforme combinamos, de modo a fazer contato visual e ter a melhor visão. Billy falou dos trinta chocolates, explicando alguns sabores exóticos, como o *verjus* (de suco de uva não-fermentado), o de feno-grego, o de cerveja Chimay e o de ganache de chocolate defumado. Ao fim da apresentação, todos os clientes pareciam ligeiramente hesitantes e deslumbrados, e achei que poderia interferir a fim de oferecer uma pequena ajuda. Afinal, acabáramos de passar algumas horas juntos, tudo parecia estar caminhando perfeitamente bem, por que não oferecer uma sugestão amistosa?

– Na verdade, a questão é uma só – disse eu. – Vocês querem algo experimental, ou preferem algo mais caseiro?

Assim que terminei de falar, o tempo pareceu diminuir de velocidade, como um LP desacelerando. *Algo mais caseiro?* Eu jamais havia falado isso em minha vida. Billy, ainda curvado sobre a beirada da mesa, com sua mão enluvada acima da bandeja de prata, virou lentamente a cabeça em minha direção, com uma expressão de horror e espanto.

– O que exatamente compõe um chocolate "caseiro", Phoebe? – perguntou Billy, com os cantos da boca contendo seu sorriso familiar e generoso.

Por um instante, tagarelei sobre sabores "reconfortantes", como avelãs, manteiga de amendoim e café, e logo me afastei da mesa o máximo que pude. Daquele momento em diante, desejei não estar viva para ver aquela frase impressa, mesmo que isso significasse ter de me atirar do celeiro mais alto que pudesse encontrar.

NÃO CONTEI A ninguém sobre o incidente caseiro – nem mesmo a André. Ele vira a cena, mas estava longe demais para ouvir. André andava tranqüilo nos últimos tempos; sua seção era a única que parecia estar fora da linha de tiro. O próprio sr. Bruni não estava muito interessado em discutir sobre vinhos, então solicitou que outra pessoa fizesse o pedido, ou deixasse a escolha por conta dos sommeliers. Claro que estes precisavam estar atualizados com as harmonizações, mas o local estava fervilhando com gerentes ávidos por dar uma ajuda. E André era o único que estava tranqüilo.

– Não vá embora, está bem? – disse a ele.

– Chef, não há nenhum outro lugar onde eu prefira estar.

– Porque o próximo prato está chegando e eu vou precisar colocar os talheres, mais pão e as taças, e servir o vinho, e já vi que estão montando os pratos...

– Quer fazer o favor de se acalmar?

Se havia algo que eu admirava em André era sua habilidade de manter a sensatez numa hora de crise. Quando as coisas esquentavam, era André quem ignorava a comoção e garantia que tudo voltasse aos trilhos. Ele cuidava dos pratos quando o chef solicitava; colocava os talheres na mesa quando o cumim não estava à vista; pegava duas garrafas de vinho, entre as que o cliente estava escolhendo, para que quando o pedido fosse feito ambas já estivessem na seção do garçom. Se havia uma pessoa em quem eu podia confiar quando precisava de ajuda e quando tinha tudo sob controle era André.

Ele e eu vínhamos passando cada vez mais tempo juntos. Nós nos encontrávamos após o trabalho e, quando estávamos de folga, saíamos do Brooklyn para algum lugar onde era quase garantido não encontrar ninguém.

– Então, qual é a história entre você e Leigh? – perguntei certo dia. Estávamos tomando o *brunch* num dos inúmeros restaurantes retrô-chic que cobram US$ 8 por uma porção de polenta. "Droga", exclamou um amigo certa noite, enquanto viu o mesmo prato em outro restaurante. "Mas que farinha cara!"

– O que você quer dizer com "qual é a história"?

Eu estava começando a notar que André costumava responder a qualquer pergunta só depois de repeti-la ao menos uma vez. Talvez isso fosse algo parecido com aquela história do aluno ansioso diante de um teste de soletrar, tentando ganhar algum tempo, pedindo que a palavra fosse repetida. Depois perguntando sua definição. Depois perguntando sua origem.

– O que você está fazendo comigo, se mora com outra pessoa?

– Acabou – respondeu ele, encolhendo ligeiramente os ombros e sacudindo a cabeça.

– Ela sabe disso?

– O que quer dizer com "ela sabe disso"? Eu disse a ela que tinha acabado antes mesmo de nos mudarmos para Nova York.

– Então, por que foram morar juntos?

Dessa vez ele nem sequer repetiu a pergunta, só encolheu os ombros novamente. Quando pressionei, André me disse que ela nem queria se mudar para Nova York. Até então, sua opinião quanto à cidade ser fria e difícil se confirmara. O fato de que eles tinham alguns amigos ali não ajudava. E, ao contrário de André, ela nunca fora uma pessoa de vida noturna, portanto, eles passavam cada vez mais tempo separados. Ficou claro que André não queria se alongar no assunto, então, deixei para lá. Essa rápida conversa me tranqüilizou – não por acreditar que tivesse acabado mesmo, mas porque agora eu tinha uma desculpa. Poderia honestamente arregalar os olhos indignada e alegar inocência diante de um acusador em potencial.

– É um desastre esperando para acontecer – comentei com algumas amigas do antigo emprego, no café. – Dou um prazo até o fim do verão. – Estávamos esparramadas em redes e cadeiras de jardim, atrás do prédio de tijolinhos em Park Slope, onde uma delas morava. A anfitriã tinha ascendência grega e alemã, portanto, havia iogurte, nozes e mel, assim como lingüiças e pães pretos. A última vez que eu visitara esse jardim, usava um vestido de verão até o tornozelo que pegara emprestado com uma amiga (um modelo que alternava cores básicas com balões infláveis), e uma vela que estava próxima dos pés o lambeu em chamas. Só notei o ocorrido quando minha amiga Sylvia começou a abanar os braços e blasfemar em espanhol, antes de me ensopar com sangria. O namoradinho do colégio, que ainda morava embaixo do meu apartamento a essa altura, tentou heroicamente vir me salvar, mas acabou se enroscando "como um *burrito*", como Sylvia descreveu depois. Minha vida foi salva por um chef que, em meio à histeria, calmamente apagou as chamas com um pano de prato.

Mas ninguém poderia me salvar da minha situação atual com André. Eu fazia o papel de boba da corte. No começo foi engraçado o fato de que ele tivesse memorizado meu telefone com o nome "Patrick" em seu celular. Quem é que ligava para o que ele dissera a Leigh na primeira vez que não foi para casa? Eu nem sequer me importava que ele ainda estivesse apaixonado por ela. Então, subitamente, me importei.

Ali estava eu, me apaixonando por um homem que, até onde eu sabia, tinha uma tendência à infidelidade. Estudei psicologia no primeiro ano da faculdade; havia lido Freud e Jung e *Madame Bo-*

vary e metade dos livros das seções de auto-ajuda e relacionamento. Sabia que não era coincidência que meus pais tivessem recentemente apresentado um drama com atos semelhantes. Horrorizada, considerei ser "a outra", nessa versão moderna. O que Freud diria sobre isso? Talvez eu quisesse saber quão fácil era trapacear. Talvez eu quisesse provar que compromisso e monogamia não eram possíveis, que meus pais não haviam mentido quando disseram "até que a morte nos separe". Ou talvez eu simplesmente gostasse de ganhar.

– Acho que é melhor você parar de me ver e tentar fazer dar certo com Leigh – disse eu a André, na primeira de uma série de sessões de mãos contorcidas. Nós nos encontramos depois do trabalho num *pub* que havíamos descoberto havia pouco tempo e não era mais freqüentado por ninguém.

– Tanto faz. – Ele deu um gole em sua cerveja e fingiu estar assistindo ao jogo.

– Não, estou falando sério. Acho que devemos parar de nos ver e você deve tentar consertar as coisas. Sete anos! Isso é algo que vale a pena salvar.

Ele fixou o olhar na tela da televisão enquanto eu falava, mas depois se virou de frente para mim.

– Ouça, pare com a conversa fiada. Se você quer que a gente pare de ser ver, tudo bem. Mas Leigh e eu não vamos reatar.

Eu voltaria a esse assunto diversas vezes ao longo dos meses seguintes. Ou eu me recusava a ver André até que ele e Leigh estivessem oficialmente separados, e teria certeza de que tinham mesmo terminado, ou continuava a vê-lo e torcia para que ele endireitasse as coisas antes que eu morresse de envenenamento por culpa.

– Você simplesmente deverá confiar em mim – disse ele.

A essa altura, a conversa terminou de forma brusca. Um dos sous-chefs e dois cozinheiros entraram. Enquanto eles se acomodaram em três banquetas e se debruçaram para ver qual era o chope, aproveitei a oportunidade para sair sorrateiramente pela porta lateral. Leigh era algo a se pensar, porém, mais importante era o fato de que, como gerente, André tecnicamente não deveria estar saindo com alguém da equipe. Quanto mais tempo pudéssemos manter isso debaixo dos panos, melhor.

Qualquer relutância que eu tivesse logo era persuadida, e encontrávamos meios de nos divertir pelos cantos da cidade, onde não éramos vistos – lugares fuleiros que o prefeito Giuliani se esquecera de mandar fechar e ruas desertas, por trás de pilastras e plantas. Talvez o exemplo típico dessa postura nobre de discrição tenha sido a noite em que nos registramos no Plaza. Corria um boato de que o famoso hotel estava fechando, aparentemente, para reformas. Eu temia que isso significasse que fosse fechar e reabrir sem alma nem charme. Havia uma simples razão para meu apego àquele hotel, em particular: era o cenário do livro infantil *Eloise*.* Quando criança, eu costumava fazer de chapéus qualquer objeto que encontrasse pela casa, assim como Eloise. E fazia grandes produções. Também fui igualmente paparicada – não por mensageiros e camareiros (pelo amor de Deus), mas por minha mãe e minhas tias, nascidas em Nova York. Passava horas seguindo os pontinhos vermelhos que traçavam os galopes de Eloise pelo hotel, no qual ela morava com a babá inglesa, sua tartaruga Skipperdee, que andava de tênis, e seu cachorro Weenie. A cada leitura, dizia à minha mãe que precisava me mudar para lá o mais rápido possível.

André, que não tinha crescido fantasiando sobre pedir uma única folha de morango e duas uvas-passas ao serviço de quarto, só

---

* Título e nome da protagonista da série de livros infantis escrita por Kay Thompson, ilustrada por Hilary Knight e publicada nos Estados Unidos pela Simon & Schuster. (N. da E.)

fingiu remorso quando dei a notícia. Mas ele cutucou minha culpa, lá no fundo, quando anunciei que reservara o quarto em seu próximo dia de folga.

Dava para ir a pé do apartamento de André até o hotel e da minha casa dava para ir de metrô, portanto, não havia necessidade de levar bagagem. Nós nos encontramos perto do trabalho para comprar uma garrafinha de vinho e caminhar juntos até lá. Mantendo sua casualidade e seu bom humor, André chegou de tênis e avisou que só havia uma coisa que ele precisava fazer naquele dia.

– Chef, vou precisar comprar um presunto.

– Presunto...

– E um pouco de mostarda.

Por mais absurdo que parecesse, eu lembrava que André mencionara presunto, alguns dias antes. Estávamos no salão do restaurante, de olho nas mesas, quando ele falou sobre isso. Ele estava estranhamente fervoroso e passou o turno divagando sobre a importância de se cobrir a superfície do presunto com mel e sobre seus países de origem. Mais tarde, naquela noite, quando parei no bar para pegar alguns drinques, descobri que não era a única para quem André havia confessado seus desejos.

– Qual é a do André e o presunto? – perguntou o barman, e eu só balancei a cabeça.

Em restaurantes, por conta das inúmeras distrações, uma conversa pode durar um turno inteiro. Uma pergunta feita ao se pegar uma garrafa de água na geladeira é respondida depois que a mesa é limpa, e comentada mais tarde, uma hora depois, quando se está registrando algo no computador. Naquela noite, o presunto fora eleito o tema da vez.

Caminhamos até a Citarella, uma loja de comida *gourmet*, na Broadway com a rua Setenta e Cinco, e compramos um belo presunto rosado e redondo, do tamanho de uma bola de vôlei, e alguns vidros de mostarda: Dijon, por garantia, moída para dar textura, e a com estragão, para ter mais variedade. Depois compramos algumas garrafas de vinho, pois não sabíamos ainda do que gostaríamos de beber.

Ficou evidente por que o Plaza resolvera fazer uma reforma. A tinta estava descascando das paredes, os carpetes soltavam nas beiradas, e as maçanetas e os botões estavam velhos. André olhava em volta, indiferente. Isso estava bem longe do pôster de revista que ele imaginara. Para mim, era como um astro de cinema envelhecendo, ainda elegante, mas que lembrava apenas vagamente o que havia sido um dia. Os cavalheiros da recepção perguntaram se gostaríamos de ajuda com a bagagem. Olhei para André, que estava em pé no lobby de mármore ao lado de um imenso buquê de lírios brancos, segurando um saco de supermercado. Ele ergueu o queixo, como se perguntasse se eu queria algo, e eu assenti com um movimento de cabeça.

– Não será necessário.

Depois que encontramos nosso quarto, desinteressante e ligeiramente mofado, colocamos dois robes brancos e eu disse a André que ficasse à vontade. Peguei minha edição amarelada de *Eloise*, a mesma que coloquei na mala quando me mudei para Nova York para fazer faculdade, e em todas as mudanças desde então, e comecei a ler. André riu em todas as passagens da história que eram para rir e, quando terminamos, achei que ele estivesse mais acostumado com o lugar. Abrimos uma garrafa de Pinot Gris e a mostarda e desembrulhamos o presunto. Não pensamos em levar faca, então, liguei para o serviço de quarto, que trouxe uma faca de manteiga, cega. A lâmina do saca-rolhas de André funcionou por um tempo, mas, no fim, estávamos arrancando os pedaços com a mão.

– Você precisa comer presunto, ou vai secar – eu disse a André, repetindo uma das minhas frases prediletas do livro, que combinava com a ocasião.

– Todos sabem disso – respondeu.

ANDRÉ ME DISSE para ter paciência e eu não teria de esperar muito. Ele e Leigh se separariam quando terminasse o verão. Ao mesmo tempo, a história vazou entre as garotas do Per Se. Em pouco tempo, assim que entrava no vestiário feminino, as conversas eram interrompidas. Obviamente, eu não era bem-vinda para jantar na salinha na qual se sentava um grupo de cumins. Se minhas colegas fossem menos profissionais, os clientes de minha seção jamais teriam recebido sua comida e minhas cumins me deixariam à minha própria sorte. Mas elas desempenhavam suas funções da maneira perfeita como sempre fizeram. A única mudança era o fato de eu ser invisível. Eu não podia condená-las. Não era o caso de estar sendo perseguida por algo nobre ou corajoso.

Leigh deixou o restaurante quase no fim do verão. Nós três trabalhando juntos ali não daria certo. Ela continuou a morar com André, aparentemente procurando por um lugar. A situação me aborrecia mais do que eu demonstrava, mas André e eu concordamos em não falar a respeito. Eu já havia deixado claro o meu ponto de vista quanto a arrumar a bagunça que havíamos criado na vida dele. Ele deixara claro que eu deveria confiar nele e que estava cuidando de tudo. De certa forma, foi um alívio quando ela ficou sabendo. Era o fim de botecos fuleiros e hotéis de luxo; estávamos prontos para desbravar a cidade.

Mas, primeiro, precisávamos comprar um cartão do metrô para André. Depois de passar seus primeiros cinco meses na adega, o máximo que André conseguira explorar havia sido uma área de dez quadras. Pela manhã, ele caminhava para o emprego, fazia ginástica no subsolo do prédio e até passava a maioria de seus dias de folga no trabalho. De vez em quando tomava uma cerveja e comia um hambúrguer num *pub*, mas fazia isso de táxi.

Eu, por outro lado, já morava em Nova York havia oito anos e estava familiarizada com o metrô, mas sempre tinha uma sensação de estar meio perdida. Felizmente, eu podia me consolar com minha desconfiança de que a maioria das pessoas que moram em Nova York se sente ligeiramente perdida de vez em quando. O que é moda no East Village parece uma fantasia de Halloween no Upper East Side. Quando morei em Williamsburg, o traje moderninho era algo como um vestido barato florido, estilo anos 1940 a 1970, usado por cima de uma calça jeans ou com sapatos de salto *vintage*, ou ainda o visual dos anos 1980: cinto largo, camisa caindo do ombro, meiões e tênis de cano alto. Mas assim que as portas do metrô fechassem levando a moderninha por baixo do rio, ela estaria exposta ao ridículo. Os residentes dos *lofts* multimilionários do SoHo poderiam achá-la uma maltrapilha. A mãe executiva aposentada e relutante do East Side, olhando pela janela de seu carro Suburban azul-marinho, poderia imaginar onde é que alguém arranjava uma roupa daquelas. O professor universitário e a terapeuta do Upper West Side poderiam pensar no longo tempo gasto para obter um visual da moda e o que ela estaria querendo dizer com aquilo. O fato de apenas passar pela região do mercado financeiro é improvável, mas, se fosse o caso, ela seria um banho de cores em meio a um mar de ternos. No Harlem, seria acusada de elevar o custo dos aluguéis; em Chelsea, a terra dos homenzarrões com os cachorrinhos, passaria totalmente despercebida. Por isso, meus amigos, todos em Nova York vestem preto. Pense nisso como uma escala móvel de vestuário, com camisetas Old Navy numa das pontas e botas Prada na outra.

Eu ficara paralisada por tudo isso durante oito anos, mas as coisas estavam prestes a mudar. Agora tinha ao meu lado o bem-vestido e imperturbável André; tinha dinheiro sobrando, pela primeira vez em tempos; e sabia usar uma faca de peixe se a ocasião pedisse. Depois de alguns anos lendo sobre Nova York enquanto morava lá, eu estava pronta para viver o melhor da cidade.

Nas noites de trabalho, o tempo era o que atrapalhava André e eu. Havia poucos restaurantes ainda abertos depois que eu trocava a minha última toalha de mesa. Quando deixávamos o trabalho, a cidade, que nunca fora minha amiga, agora repousava o braço cheio de jóias em meu ombro e sorria de modo conspirador. Em geral, eu escolhia os restaurantes, pois assinava praticamente todas as publicações sobre gastronomia disponíveis e tinha uma longa lista de lugares a serem experimentados. Mas André logo estava compilando sua própria lista. Durante o primeiro ano no Per Se, quase sempre havia um chef, um dono de restaurante ou um maître de outro restaurante em nosso salão de jantar. Melhor ainda, cozinheiros e garçons. Nós sempre prometíamos passar em seus restaurantes em nossa próxima folga.

Quando estávamos indo jantar, muitas vezes parávamos para dar um "oi" a um desses novos conhecidos, um de meus antigos colegas de trabalho, ou algum novo contato de André. Às vezes, íamos embora depois de um drinque, porém, com certa freqüência, vinha algo da cozinha. Era polido recusar e bem-educado raspar o prato. Quando um chef manda algo da cozinha, costuma ser uma das melhores coisas do menu, ou algo novo em que ele está trabalhando. Depois de pagar a conta ou deixar uma gorjeta extravagante quando não houve conta, saíamos novamente, rumo ao nosso jantar. Mas não havia um lugar ali perto sobre o qual ouvíramos falar? Paramos no lugar e pedimos um ou dois aperitivos. Quando chegávamos ao nosso destino final, já não tínhamos um pingo de fome, mas ainda estávamos curiosos. Em noites como essas, normalmente preferíamos nos sentar no bar, onde nos sentíamos mais à vontade para pedir apenas alguns pratos.

Eu vinha querendo dar uma olhada num lugar na rua Elizabeth e quando soube que eles haviam aberto um pequeno bar de vinhos embaixo do restaurante, alcei-o ao topo da minha lista. Em nossa folga seguinte, seguimos para o SoHo e passeamos um pouco, lendo menus e comparando nossos gostos por sapatos e gravatas e bugigangas nas vitrines. Passei um dos braços em volta da cintura de André e enfiei o polegar no bolso de sua calça jeans. Eu só precisava dar um passo ligeiramente maior para alcançar o dele.

Resolvemos parar no bar novo do restaurante para tomar uma taça de vinho, antes do jantar. Não fosse pelo disco dos Beach Boys que estava tocando, o porão cavernoso poderia ter sido meio assustador. Madeira escura e detalhes em ferro conferiam uma sensação gótica ao ambiente, e, como a maioria dos porões, esse tinha aquele clima úmido que se provara ideal para o bicho-papão. Na verdade, era inspirador, pois a sala me fazia querer um aconchego junto a uma das inúmeras velas e me aquecer com uma taça de sabor rústico e estimulante. Beliscamos uns *grissinis* com nosso vinho, mas a fome nos cutucou, em nossos bancos de madeira, e nos levou escada acima, até o salão de jantar principal. Ao sairmos, André me pegou pelo braço.

– Esse é o tipo de cachorro que eu sempre quis – disse ele, apontando para um animal de quatro patas do tamanho e peso de um hidrante. André estava respirando como Darth Vader depois de um lance de escada. – Adoro esses cachorros.

Evidentemente, Buckwheat era um buldogue francês que pertencia ao chef, e meio que cuidava das coisas por ali. Embora ele não correspondesse especificamente às minhas sensibilidades estéticas, depois de pensar por um momento percebi que deveria estar empolgada por André até gostar de cachorros.

– Minha nossa, mas que orelhas grandes você tem! – brinquei, coçando Buckwheat entre seus orelhões de morcego. Era difícil de acreditar que essa criatura descendia de um lobo.

Ao chegarmos à mesa, expliquei que não estava acostumada com cachorrinhos urbanos. Crescera com um "cão de verdade", um collie dourado chamado Turnip.

– Ela tinha até um focinho! – disse a André.

– Buckwheat é um cão de verdade – ele pareceu ofendido. – E ele tem um focinho, só é meio amassado.

– Você tem bichos de estimação?

– Não, nós deixamos o gato de Leigh no Texas.

Êpa, mancada. Eu estava pensando em como levar a conversa de volta aos trilhos, mas André falou primeiro.

– Já ouviu falar daquele negócio sobre os nomes das estrelas pornôs? De como elas supostamente têm o nome do primeiro bicho de estimação e da rua onde cresceram?

– Mesmo? Está bem, vejamos... Turnip* White-Hollow.

– Esse é quente.

– Você está me dizendo que realmente quer dormir com alguém com nome de tubérculo?

– Ah, sim.

– Rutabaga?

– Não. Mas Rhubarb,** talvez.

– Você tinha animais de estimação quando era criança?

– Não, o gato de Leigh foi o primeiro. Eu seria o Maxwell Montgomery.

– Você ganharia uma grana preta. – Ansiosa para desviar de Leigh e da pornografia, voltei aos caninos: – Eu até que gosto de bassês. Gosto do perfil romanesco que possuem.

– Nós não vamos ter um bassê.

Nós? Como aquele *nós* que poderá morar num sobrado, em West Village, com uma adega/porão para produzir queijos, uma horta para plantar ervas e uma biblioteca com uma escada deslizante? Tentei parecer imperturbável.

---

* Termo em inglês para nabo. (N. da E.)

** Termo em inglês para ruibarbo. (N. da E.)

– Ora, vamos. Nós vamos lhe dar um nome de velho, como George ou Stanley, e vesti-lo com pequenos suéteres e capinhas amarelas de chuva. – André me olhou vagamente, por um instante, depois pegou a carta de vinhos.

– Branco ou tinto? Ou espumante?

– Não sei, o que vamos comer?

Após algumas refeições juntos, já havíamos estabelecido uma rotina. André começava pela carta de vinhos enquanto eu percorria o menu. Depois fazíamos perguntas um ao outro, sem realmente ouvir ou esperar uma resposta.

– Devemos começar com um branco? Ou uma taça de champanhe?

– Devemos beber tinto.

– Por que todos os restaurantes têm a mesma salada?

Depois de uma leitura inicial, André fechou a carta de vinhos e pegou o menu.

– O que parece bom?

Esse era o sinal para que eu começasse do alto. Minha primeira regra ao sair para jantar é evitar o seguinte: *tartar* de atum, lulas fritas, saladas verdes mistas, tomate e mozarela, Caesar salad, frango assado ou grelhado, salmão tostado ou escaldado, bolinhos de siri e o indispensável bife. Não tenho nada contra nenhum desses pratos, mas quando saio, não quero algo que (a) até eu posso fazer ou (b) já comi um milhão de vezes. A única exceção de André a essa regra é seu santo graal pessoal: o hambúrguer perfeito.

Minha segunda regra ao sair para jantar é jamais pedir a mesma coisa que outra pessoa no grupo, a menos que ele ou ela esteja doente ou irritado. Sou mais inclinada a um coelho, cordeiro, qualquer coisa com polenta, qualquer coisa com ovos e combinações de sabores exóticos. André tendia mais ao timo, pato, bacon, porco, qualquer coisa com trufas e qualquer coisa que envolvesse lingüiça.

Nada de ouriços-do-mar para mim. Nada de coco para ele. Sem falar que a coisa mais brega do menu merecia uma chance – timo frito, picles fritos, barras de chocolate Mars fritas, milho, macarrão e queijo, frango frito, creme de espinafre e ovos *à la diable*. Quando o garçom chegou, de bloquinho na mão, foi minha a última palavra no menu, e André pediu o vinho que queria beber. Ele sabia que eu gostava de água gasosa. Eu sabia que ele precisava ter o sal à mão.

Depois de fazermos o pedido, voltamos nossa atenção ao restaurante, apontando todas as mesas ruins na sala e inspecionando os uniformes. Só em pensar em meu uniforme fazia minha garganta apertar e meus pés suarem, apesar da blusinha regata preta e das sandálias pretas de salto amarradas na perna que eu usava, que diferiam muito dos sapatos de trabalho.

André fazia um comentário em quase todos os lugares aonde íamos.

– Se eu fosse dono de um restaurante, seria algo como esse.

– Hum... Ao contrário do restaurante especializado em vinho da semana passada?

– Tanto faz – respondeu ele. Era um andreismo afetuoso que significava o fim da discussão, algo que eu começava a amar.

— Dica —

NÃO DEVOLVA UM PRATO DEPOIS DE TER COMIDO A MAIOR PARTE.

A GAFE, PREZADO BRUNI

á estava ele novamente.

– Que bom vê-lo, senhor – cumprimentei o sr. Bruni em sua quarta visita.

– Eu estava pensando em você outro dia! – respondeu ele. Ele estava sentado na mesa 3 com alguém que parecia ser um bom amigo, a julgar pela descontração da conversa. Fingi que ia ficar vermelha. – Espere... não, não dessa forma...

Ele explicou que estava pensando na forma intensa como eu o encarei durante sua última visita, enquanto ele comia o risoto. Ótimo, pensei comigo. Ele me acha esquisita. E quanto aos gerentes se escondendo atrás dos arranjos de flores, eles não eram esquisitos? E quanto a Gabriel, que ficou em pé ao meu lado, durante toda a refeição?

– Devemos servir mais água a ele?

– Não, não o sufoque.

– Está bem, vou deixar que ele tome mais alguns goles.

– Oh, espere [algumas cotoveladas], ele acaba de tomar o copo inteiro. Vá servir.

– Não, vá você, acabei de sair de lá.

– Ele está com pouco vinho na taça. Não deixe que ele se sirva.

– Devo tirar a garrafa da mesa?

– Melhor não arriscar.

– Você ouviu o que ele acabou de dizer?

– Não, mas acho que foi algo sobre o peixe. Devo ir lá dizer alguma coisa?

E por aí vai.

Vou admitir, eu o havia encarado, mas somente porque queria saber se ele concordava comigo que o risoto de trufas estava próximo da perfeição. Eu também estivera pensando sobre algo que havia acontecido mais cedo, no começo da noite, antes do risoto e do incidente com o "algo mais caseiro". Embora ele e seus convidados estivessem decididos a escolher os pratos do menu, a cozinha tinha mandado uma rodada a mais de pratinhos à base de ovos, como um aperitivo extra. Quando ele pegou sua colher e se serviu do aperitivo, percebi que ele parou e olhou perplexo para seus ovos mexidos com *coulis* de trufas.

– Você parece perplexo – comentei.

– E estou. O que torna esses ovos mexidos diferentes dos meus ovos mexidos? Por que um restaurante desse calibre serve uma rodada inteira de ovos mexidos?

Pensei sobre isso por um momento. Na verdade, ele estava certo. Eu nunca tinha pensado em questionar a rodada de pratos à base de creme de ovos. Alguns dos mais virtuosos preparos de ovos pareciam mais apropriados: o creme de ovos com infusão de trufas brancas, servido numa casca de ovo, ou os ovos com picles e recheio de trufas, que o faziam parecer ovos *à la diable*, que eram servidos sobre torradinhas com recheio de trufas. Mas ovos moles, mexidos ou cozidos eram simplesmente ovos, independentemente da quantidade de *coulis* de trufas que se acrescentasse.

Eu me esquivei da pergunta, preferindo falar sobre o rabino de quem comprávamos nossos ovos e os benefícios de um fogão Bonnet. Quando finalmente me afastei da mesa, fui direto para a cozinha, onde Corey estava em meio aos percalços do serviço.

– Por que servimos ovos? – perguntei.

– O que você quer dizer com "por que servimos ovos?" – respondeu ele, irritadiço, mexendo algo violentamente no fogão.

– Quero dizer, o que os torna tão especiais para que façamos uma rodada inteira com eles? – Percebi que era uma hora ruim, mas torci para que ele dissesse algo que eu pudesse levar de volta à mesa.

– Porque são ovos! Ovos! Você não acha que podemos ter essa conversa numa outra hora?

Voltei ao salão sem nada para dizer. Claramente, eu não voltaria à mesa para dizer a Frank Bruni que servíamos ovos porque eram ovos. Deixei a pergunta sem resposta e me concentrei em tarefas mais concretas.

Passei dias tentando esboçar uma resposta atenciosa para o sr. Bruni, caso ele voltasse. Depois de alguma pesquisa, me deparei com um ensaio de Michelle Wildgen, na revista *Tin House*, intitulado "Ode to an Egg" (Ode ao ovo). Nele, encontrei referências aos personagens de Hemingway comendo ovos de tal maneira que prenunciavam seus destinos. Algumas linhas depois, cheguei a uma citação mágica de M.F.K. Fisher: "Uma das coisas provavelmente mais singulares do mundo é um ovo antes de ser quebrado." Li sobre reflexões do som da palavra *egg*, em seu formato e significado. "Às vezes acho que salpicar noz-moscada sobre um ovo azul é tudo o que podemos desejar." Talvez as melhores frases do texto tenham sido as últimas: "O ovo é drama e alívio, nascimento, maternidade e paternidade, sexo e morte, começo e fim. O ovo é inevitável." Fiz cópias do ensaio para aqueles em minha vida que o apreciariam. Até deixei uma cópia na mesa de Corey. Mas será que eu conseguiria convencer o sr. Bruni de ao menos uma fração disso?

– Tenho pensado no que o senhor me disse sobre os ovos mexidos – disse-lhe eu, em sua visita seguinte. Apesar de não ser realmente capaz de explicar o motivo para que o ovo tivesse uma rodada exclusiva, eu acreditava, de coração, que ele a merecesse, no mínimo por sua perfeição solitária. Ele balançou a cabeça e pareceu concordar, mas poderia estar brincando comigo.

Não foi de surpreender que Corey e eu jamais tivéssemos discutido o drama e o alívio do ovo inevitável. Era apenas sorte minha o fato de que todas as vezes que o sr. Bruni apareceu Corey estava na cozinha. De certo modo, eu me sentia como se tivesse um crítico em ambos os lados, mas, às vezes, parecia que Corey e eu éramos parceiros, independentemente de gostarmos ou não disso. Sobretudo em horas como essa, com tanta coisa em jogo, é fácil perder contato com o relacionamento simbiótico entre o pessoal do salão e o da cozinha. Na minha opinião, a crítica seria sobre a comida; o impulso que eu podia dar a um bijupirá morno, ou aos melhores ovos mexidos do mundo, era limitado. Segundo o pessoal da cozinha, no entanto, havia muita coisa que eu podia fazer para ferrar tudo.

Não havia câmeras no salão do Per Se, e os chefs tinham de confiar em minhas observações e na verdade de um prato limpo. Deus ajudasse aquele que voltasse para a cozinha segurando um prato com restos de comida e não pudesse dar uma explicação satisfatória quanto ao motivo pelo qual o cliente não comera tudo. Cada vez que eu voltava com pratos, encontrava os olhos aterrorizados e ansiosos de Corey ou J.B., e certamente do chef de partida daquela seção específica. Quando os pratos de peixe voltavam, eram os chefs dos peixes que ficavam nas pontas dos pés para ver o prato; quando voltavam os de carne, era o chef das carnes que pegava os restos no prato e os apertava para sentir se estavam muito passados.

Não houve carne a ser apertada, ou nenhum outro grande aborrecimento durante a quarta visita do sr. Bruni. Foi uma refeição mais curta porque ele e seu amigo pediram o menu de quatro pratos e solicitaram que não fosse servido nada além do que haviam pedido. Parecia que ele realmente estava querendo desfrutar do restaurante como um cliente comum. Conversaram mais entre eles e fizeram poucas perguntas sobre a comida. Mesmo assim, eu analisava cada comentário e gesto. Observei o sr. Bruni lendo o menu; olhei seu rosto enquanto ele comia; observei onde seus olhos pousavam e o que chamou sua atenção no salão do restaurante. Estudei seu cartão de crédito, no qual havia escrito o nome Dirk McKenzie, e fiquei imaginando se ele construía personalidades distintas ao redor de suas identidades. Quanto mais eu observava Frank Bruni, mais obcecada eu me tornava. Recentemente, li um estudo que alegava que as pessoas que assistem muito à televisão acreditam ter mais amigos do que as que não assistem. Quanto mais familiar um rosto se torna, mais próximo você se sente daquela pessoa, mesmo se ela só aparecer uma vez por semana, por trás de uma tela de vidro.

— Você está me assustando — disse André naquela noite, quando eu recapitulei, detalhadamente, o jantar do sr. McKenzie. — São apenas estrelas.

— Apenas estrelas? É tão óbvio que você não é de Nova York. — Eu também não era, porém amava muito mais a cidade. Mas talvez ele estivesse certo. Eu precisava dar um tempo em todo esse negócio de crítica.

MEU PRIMO ESTAVA se casando em Vermont, então perguntei a André se ele gostaria de ir à festa. Embora estivéssemos livres para circular pela cidade juntos ultimamente, eu ainda sentia pontadas de culpa quando ele ia para casa às seis da manhã. Será que Leigh estaria olhando para o teto, sem conseguir dormir? Nem sequer perguntaria onde ele estivera? Seria um alívio passarmos um tempo juntos em outro ambiente.

— Será ótimo. Podemos ficar numa pousadinha e comer panquecas. Tem vacas lá!

– Temos vacas no Texas, você sabe – disse ele. Mas concordou em ir, e eu aluguei um carro para nós.

Seguiríamos de carro bem cedo, no sábado, dia do casamento, e voltaríamos no domingo, a tempo de nós dois trabalharmos no turno da noite. Não era muito tempo, porém, comparado às horas que nós dois trabalhávamos, era um fim de semana prolongado. Às três da madrugada de sábado, André ligou.

– Por que você está cochichando? – perguntei, tentando acordar para entender o sentido da ligação.

– Estou no banheiro.

– Banheiro de quem? – agora eu estava acordada.

Ele falou de forma embaralhada, sobre estar numa festa e ter encontrado um carro para pegarmos emprestado.

– Não dirija! – gritei ao telefone. Eu estava sentada, nua, no braço do sofá, junto à janela onde o sinal tinha uma recepção melhor.

Depois que desligamos, mandei uma mensagem de texto sugerindo que nos encontrássemos em minha confeitaria favorita, em Columbus, às 10h, para irmos juntos pegar o carro. Imaginei que, por não ser longe do apartamento dele, isso seria razoavelmente à prova de ressaca.

Cheguei cedo, como sempre costumo fazer, e pensei em minhas opções, caso ele não aparecesse. Não dirijo, portanto, alugar um carro sozinha estava fora de cogitação. Imagino que houvesse um ônibus, mas ficaria apertado. Liguei. Nada de resposta. Deixei um recado perguntando onde ele estava.

– A caminho – escreveu ele, numa mensagem de texto. Fui para o lado de fora esperar.

Como eu não tinha a menor idéia de que carro procurar, não reparei quando uma minivan encostou às 10h30, até que ouvi André buzinando. Da janela, ele acenou e sorriu. Vestia sua camisa de piquenique e parecia um cara comum, cujo outro carro era pequeno e vermelho. Peguei a minha caixa de chapéu azul turquesa pela alça plástica e atravessei a rua para encontrar André. Comprei aquela caixa numa loja de artigos baratos, em Williamsburg, depois de imaginar uma ocasião como essa.

– Leigh mandou um beijo – disse André quando me sentei no banco da frente.

– Ora, mas que gentil da parte dela.

– Na verdade, ela berrou pela janela quando eu já estava na metade do quarteirão.

– Ah. – Coloquei o cinto de segurança. – Mas aqui está você. Como conseguiu o carro?

– É da mãe da minha representante de vinhos. Nós jantamos ontem na casa de um cara. Achei que fosse um caso dela, mas o cara ficava falando com a irmã e a minha representante ficava falando comigo.

– Ela provavelmente quer dormir com você.

– Você acha? – ele me olhou e piscou. – Pena que já tenho dona.

– E de sobra – disse eu, fazendo uma expressão dramática, me virando para ver se a mãe da mulher que queria dormir com meu namorado tinha um mapa em algum lugar.

Com nossa partida tardia e a quantidade de quilômetros a percorrer, mal chegaríamos a tempo para o casamento. Liguei para a pousada e lhes disse que precisaríamos dar entrada naquela noite. Era o fim do verão e parecia que, quanto mais nos afastávamos da linha cinzenta do horizonte de Manhattan, as estradas simplesmente iam ficando menores e as árvores, mais verdes. A cidade onde Owen, sua futura noiva e a bebezinha deles haviam se estabelecido nem chegava a ser uma cidade. Eu a chamaria de vilarejo, aldeia, ou talvez somente algumas pessoas perto de uma agência do correio.

– Há um monte de carros na entrada da garagem daquela casa – disse eu, conforme passávamos por uma ponte em que passava apenas um carro.

– Que casa?

Quando me virei para apontar, nós já havíamos chegado ao fim da cidade. Voltamos e estacionamos o carro próximo aos outros. No alto da colina havia um grande celeiro vermelho e uma tenda escondida na lateral do vale. Fui até a traseira da van e coloquei meu vestido vermelho de tafetá, que encontrara em outra loja barata em Williamsburg. Parecia um traje festivo de casamento quando o experimentara em casa, mas agora estava em dúvida. Mais uma vez, esquecera que essa era a terra dos sapatos de bicos arredondados e tons terra. Eu estava de botas de bico fino pretas e com um vestido de tafetá vermelho. André parecia mais arrumado, como sempre, com seu paletó de *tweed* e seus sapatos marrons, sem meias. Subitamente me ocorreu que ele estava prestes a conhecer minha família. Eu realmente não havia pensado nisso.

Owen estava vestindo um terno de veludo verde e um chapéu que comprara no eBay. Laura estava descalça, de branco. Eles se alternaram segurando a filha, ao longo da cerimônia, e dançaram com ela quando a banda de música *bluegrass* começou a tocar. A certa altura, olhei para André, que bebia sua cerveja orgânica alegremente e ria com meu irmão, e fiquei maravilhada ao vê-lo à vontade nessa cena. Para mim, um casamento *hippie*, ao ar livre, era normal. Minha primeira comida foi *homus*. Mas para alguém que cresceu em bases militares, comendo porções texanas de carne vermelha, esse era outro planeta. A única coisa que ele pareceu achar estranha foi a quantidade de Subarus que viu na estrada.

Depois do casamento, fomos para a pousada. O nosso era o Quarto Azul, no alto da escada. Embora ainda fosse cedo e a vida noturna de Brattleboro estivesse apenas começando, vestimos nossos robes brancos e ficamos quietos ouvindo o silêncio.

No dia seguinte, nosso trajeto na estrada foi ligeiramente mais vagaroso, embora precisássemos estar no restaurante para o turno da noite. O casamento me fez pensar sobre famílias. Conversamos sobre o divórcio de meus pais. André teve um breve encontro com meu pai, no casamento, mas minha mãe não foi. Ele falou sobre a grande família de sua mãe e a morte do avô. Leigh surgiu no assunto algumas vezes.

– Por que você acha que não deu certo entre vocês dois? – perguntei.

Ele não respondeu logo, e fiquei na dúvida se teria me ouvido ou se estava preferindo não responder à pergunta. Quando o fez, foi como se tivesse respondido a outra pergunta.

– Leigh me ensinou a amar.

Tinha tanta ternura na forma como ele disse isso que foi como se não tivesse qualquer interesse em falar sobre os aspectos negativos do relacionamento. Como eu viria a descobrir, ele procurava nunca falar algo negativo sobre qualquer ex-namorada. Isso significava que eu não poderia tripudiar sobre as falhas alheias, mas também me mostrou que ele zelava pelas pessoas, como se quisesse respeitar a privacidade do relacionamento, mesmo depois de ter acabado.

Deixamos as estradinhas e as pontes para trás e convergimos à massa que entrava nos túneis e nas pontes rumo à cidade.

– Olhe! – disse eu, quando os prédios surgiram no horizonte. – Nós moramos ali!

– Eu sei – respondeu ele, com um toque de orgulho.

Mesmo morando em casas diferentes, eu gostava do fato de chamarmos o mesmo local de lar.

VOCÊ TEM QUE estar brincando, eu pensei comigo mesmo. Novamente?

Um dos gerentes serviu mais champanhe ao sr. Bruni e eu me aproximei mais uma vez de sua mesa, com dois menus embaixo do braço.

– Existe algum dia que você não trabalhe? – perguntou ele, antes de apresentar seu convidado.

Até então, eu já lhe servira em quatro ocasiões. Se ele fosse um cliente comum, seria *habitué*. Resolvi tratá-lo como tal. Conversamos sobre nossos restaurantes prediletos na cidade e alguns pratos dos quais ele gostara no Per Se. Mais para o fim da refeição, perguntei se poderia esperar vê-lo novamente, imaginando que ele seria vago, caso quisesse manter a fachada. Para minha surpresa, ele respondeu espontaneamente.

– Acho que já deixei clara a minha preferência. Em geral vou a um lugar três ou quatro vezes. Hoje já é a sexta vez.

Sexta? Achávamos que era a quinta. Depois de mais algumas perguntas, nos demos conta de que ele viera durante nossas primeiras semanas de serviço.

– Sentei-me bem ali – disse ele, apontando para o segundo piso.

– Como foi? – tive de perguntar, mesmo receando ouvir a resposta.

– Digamos apenas que você destrinchou muitas das dificuldades.

Foi uma despedida calorosa, ao menos de minha parte. Agradeci a ele por ter conduzido de modo agradável algo que poderia ter sido um processo terrivelmente estressante. Ele disse que aguardara essas visitas com expectativa e sentiria falta delas.

– Ele vai sentir falta daqui! – dei um gritinho quando voltei para a cozinha. Corey fez cara de enfado, mas eu sabia que ele ficara em êxtase.

Alguns dias depois, eu estava passando pela cozinha, a caminho do salão. Chegara um pouquinho mais cedo e a cozinha estava tranqüila, cada cozinheiro silenciosamente se preparando para o serviço. Corey próximo ao passa-pratos, envolvendo um pedaço de carne em redanho.* Eu queria perguntar do que se tratava, especifi-

---

* Redanho é um "véu de porco" usado para envolver as carnes. (N. da E.)

camente, mas de fato não estava disposta para o desafio da conversa. Porém, naquele dia, foi Corey quem falou primeiro.

– Ei – chamou ele, quando eu já estava saindo –, você tem falado com seu amigo Frank ultimamente?

– Não, acho que vou esperar até depois da crítica.

Corey pareceu chocado.

– Eu estava brincando. Vai realmente ligar para ele?

Expliquei que queria fazer um "estágio", como é chamado no linguajar dos chefs. Um estágio é um aprendizado não-remunerado numa cozinha – ou, no meu caso, num salão de restaurante. Corey pareceu horrorizado.

– É isso mesmo que você quer fazer? Escrever críticas? – Pude ver que se algum dia eu havia tido a chance de ter algum reconhecimento dele, acabara de estragar tudo. Ele falou longamente sobre como os críticos sabem pouco sobre comida, como é injusto com o restaurante que tudo seja baseado na opinião de uma única pessoa. Eu concordava e coçava a cabeça, sem dizer a ele que esses eram os mesmos temores que eu tinha ao considerar a carreira. Ao terminar o discurso, ele suspirou e voltou ao redanho com o qual envolvia a carne, que mais parecia uma vigorosa teia de aranha. Quando nossa conversa chegou ao fim, novamente me voltei para o corredor, onde meus colegas em breve estariam reunidos para fofocar sobre a badalação da noite anterior.

– Então, o que você está dizendo é que – aparentemente a conversa não havia terminado – algum dia vou ouvir que você está sentada em meu restaurante e vou me arrepender de não ter sido mais legal com você? – Eu mal podia ver o sorriso, pois ele voltou a se concentrar no que estava fazendo, mas podia ouvi-lo em sua voz.

– Acho que sim, é isso aí – por um instante, senti que ganhara. Depois, percebendo que ele simplesmente me deixou ganhar, tive de me controlar.

ESTÁVAMOS CERTOS DE que a crítica seria publicada em meados de julho. Em geral, o *Times* liga durante o fim de semana para providenciar que os fotógrafos venham antes que a crítica saia na seção "Dining Out" de quarta-feira. Havia uma desconfiança crescente de que sairia depois que nossa clientela regressasse dos Hamptons, ou das últimas semanas de verão em Mônaco. Mas também havia um milhão de outras teorias. O sr. Bruni diminuíra o Bouley para três estrelas com um comentário assombroso de que "tivera a sensação de ter estado numa festa à qual chegou tarde demais, ou ficara tempo demais". Embora não haja uma cota para um restaurante quatro-estrelas, o rebaixamento do Bouley pareceu abrir uma vaga para outro restaurante de cozinha norte-americana com influência francesa. Por outro lado, era raro que qualquer restaurante abrisse com quatro estrelas.

Recebemos a ligação na primeira semana de setembro e imediatamente começamos a preparar a sala para os fotógrafos.

– Deve estar tudo impecável! – disse Paolo, nosso gerente italiano, pronunciando impecável para rimar com memorável. Ele contornava o salão dizendo palavras que deveriam ser inspiradoras, como "de classe mundial", enquanto dobrava e redobrava freneticamente os guardanapos, segurava as taças de vinho contra a luz e media os ângulos de todos os abajures. – Eu os convido a polir todas as superfícies. – Enfatizando a terceira sílaba de superfícies.

No fim, os fotógrafos reorganizaram tudo, de modo a obter as fotos dos pratos com determinados fundos. Também tiraram algumas fotos durante o serviço, mas nada disso importava para mim. Eu não tinha qualquer interesse em ser o rosto do Per Se e, na verdade, tinha a impressão de que eles escolheriam a foto padrão do salão do restaurante e talvez fotos de alguns pratos do menu. Eu estava muito mais preocupada com o que o sr. Bruni teria a dizer, e se o texto incluiria a frase "algo mais caseiro". Está certo, então não há o "eu" nesse negócio de equipe, mas eu servi a mesa do sr. Bruni no Per Se em quatro das seis vezes em que ele esteve aqui e, se ele tivesse algo de negativo a dizer sobre o serviço, pode apostar que todos os olhos se voltariam para mim.

Ficamos todos ansiosíssimos até a noite de terça-feira. É uma tradição que o crítico do *New York Times* faça uma sinopse da crítica no noticiário *New York I News*, por volta de 21h20 de terça-feira. Nesses clipes, eles costumam cobrir o rosto do crítico para manter o anonimato, como se ele estivesse em algum tipo de programa de proteção à testemunha gastronômica. Naquela noite, como sempre, tivemos a nossa reunião antes do expediente, todos inquietos fazendo discursos de incentivo sobre continuarmos a estabelecer nossos padrões, sem deixar que a crítica nos subisse à cabeça, independentemente de quantas estrelas nosso restaurante receberia. Eu mastigava o gelo que havia no copo descartável. O diretor de operações mordia o lábio inferior.

Entre 18h e 19h daquela noite, quando o salão já estava quase lotado, chegou um grupo de seis pessoas para a minha seção. No grupo estava ninguém menos que William Grimes, crítico anterior do *Times*. Ou nós não tínhamos nada com que nos preocupar, pensei comigo, ou o sr. Grimes tinha.

Eu estava na cozinha, pouco depois das 20h, quando o chef Keller entrou, vindo do aeroporto, com sua indumentária californiana habitual e seus sapatos de chef. Ele erguia uma folha de papel com a crítica impressa, sorrindo.

– Parabéns! – disse ele. A cozinha congelou. – Quatro estrelas!

O pessoal da cozinha e a equipe do salão irromperam num alvoroço digno de quatro estrelas, em meio a beijos e cumprimentos por todos os lados. A confusão coincidiu com a entrada de Thomas pelos fundos do restaurante, enquanto o confeiteiro lia o texto que já estava on-line. Na verdade, foi uma entrada apropriadamente dramática e, por um instante, nos esquecemos de tudo. Como todos se beijavam, fui procurar André, que estava próximo à adega.

– Ainda estamos trabalhando, pessoal! – alguém gritou, nos lembrando de pegar a comida momentaneamente esquecida no passa-pratos e reabastecer os copos que haviam esvaziado enquanto estávamos dançando nos fundos. O chef Keller insistiu para que servíssemos champanhe a todos do salão de jantar e muitos de nós paramos na mesa do sr. Grimes, na esperança de que ele pudesse transmitir nossos agradecimentos ao seu colega do *Times*.

Assim que terminamos de atender as mesas no salão, nos disseram que fôssemos até uma sala privativa nos fundos, onde todos iam se reunir. Fui uma das últimas a terminar e, quando cheguei lá, a sala estava abarrotada. Membros da equipe que não estavam trabalhando se apressaram em ir para lá, vindo de bares e outros lugares, e apertavam fervorosamente as mãos uns dos outros. Todos os chefs, ainda com seus aventais azuis, e a equipe do salão, ainda de ternos pretos, enchiam a sala. Havia um *jéroboam** de Veuve Clicquot e a maior lata de caviar que eu já vira na vida. Thomas fez um discurso elogiando a todos e nos incentivando a continuar estabelecendo nossos próprios objetivos e padrões.

– O próximo será o *Mobil Travel Guide*, com cinco estrelas – acrescentou ele com um brilho no olhar.

Aqueles que não conseguiram chegar a tempo para a festa nos encontraram no centro da cidade, onde o restaurante havia alugado o andar superior de um bar. Um dos garçons chegou com uma pilha enorme de jornais e todos nós tentamos, sem sucesso, ler por cima dos ombros uns dos outros, com os drinques quase sendo derrubados. Olhando ao redor, percebi que era um dos raros momentos em que estávamos todos juntos desde a época do treinamento: os cozinhei-

---

* Garrafa de bebida cujo conteúdo, em geral champanhe, equivale ao de cerca de quatro garrafas comuns de bebida. (N. de E.)

ros dos preparativos do início da manhã, os funcionários da recepção e o pessoal da reserva, os sommeliers, os garçons, os cumins, os barmen e os confeiteiros. Obviamente, por termos acabado de sair de um turno longo e tenso, e por ser esperado que realizássemos um serviço quatro-estrelas no dia seguinte, a aglomeração foi diminuindo à medida que a madrugada se aproximava. Gabriel, Patrick, André, Mandy e eu nos sentamos em poltronas vazias, colocamos os pés para o alto e sorrimos uns para os outros. Finalmente estava tranqüilo o bastante para que pudéssemos ler a crítica até o fim. A frase de Patrick sobre o coelho foi incluída e, para meu alívio, o "algo mais caseiro" não. Ainda teria de passar um bom tempo antes que eu pudesse contar a alguém sobre aquilo. Além do comentário do coelho, que foi apenas um exemplo de uma "gracinha insolente" que Bruni encontrou durante suas visitas, o serviço só recebeu uma frase: "Fico ligeiramente impossibilitado de avaliar o serviço", informara na crítica, "porque a equipe atenta me reconhecia toda vez e mantinha uma vigilância especial em minha mesa".

Uma frase ruim para tudo aquilo?

No fim, o que o convenceu sobre nosso valor foi simplesmente a elegância do menu degustação de legumes. Lembro-me de observá-lo comendo o risoto de trufas e sua expressão de deleite quando entreguei o prato de salada de batatas. Foi nessa noite que ele me perguntou sobre os ovos e, enquanto eu lia a crítica, vi o motivo da pergunta. Ele ficou fascinado pelo que a cozinha estava fazendo com os pratos e ingredientes mais simples: ovos, salada de batatas, casquinhas de sorvete, torradinhas recheadas. Eu estava pensando nisso quando Corey veio até mim. Ainda não havíamos dito nada um ao outro, embora nós dois estivéssemos na cozinha quando o chef Keller chegara com a crítica. Ele estava com as mãos nos bolsos, e eu percebi que só o vira uma vez sem o avental. Uma noite, após o serviço, eu estava saindo do prédio quando o encontrei sentado nos degraus, fumando um cigarro.

– Vai nos acompanhar do outro lado da rua, Corey? – perguntara, apontando o Coliseum. Nos últimos tempos, o lugar se tornara bastante freqüentado pelo pessoal do restaurante; nós começávamos a conhecer a equipe de Jean-Georges, o Café Gray, a V Steakhouse, o hotel Hudson e o Picholine.

– Acho que já passamos tempo suficiente juntos – respondeu ele, dando um longo trago em seu cigarro.

Mas ali, em pé, na noite da crítica, com as mãos estranhamente enfiadas nos bolsos, ele parecia quase ser capaz de nos acompanhar numa cerveja. Patrick, Gabriel e André ergueram os olhos do jornal, no qual haviam acabado de descobrir que também fôramos mencionados num pequeno parágrafo na capa.

– Vocês viram o que eles disseram sobre o menu de legumes? – perguntou Corey.

– Estava lendo exatamente isso. Comentei com você que ele havia adorado o risoto – disse eu, imaginando quando a conversa tomaria seu rumo habitual.

– Bem, eu só queria dizer que sei que você foi a grande responsável por ter feito daquela noite um evento memorável.

Meus amigos observavam a cena perplexos, pois sabiam como geralmente terminavam as nossas interações. Mas os olhos deles não devem ter ficado tão arregalados quanto os meus quando Corey se debruçou sobre a mesa e me deu um beijo na bochecha. Antes mesmo que eu pudesse me recuperar, ele já havia saído porta afora.

– Vocês viram isso? – perguntei, incrédula, quando finalmente consegui me mexer. Todos sorriram para mim, e André apertou a minha mão embaixo da mesa.

– Chef – sussurrou ele. – *Essa* foi uma crítica quatro-estrelas.

— Dica —

POR FAVOR, NÃO FAÇA CARA DE NOJO AO OUVIR AS SUGESTÕES DO DIA,
POIS ALGUÉM NA MESA PODE QUERER PEDIR UMA DELAS.

NAS ESTRELAS, NÃO

Numa manhã, no começo do outono, depois que André deixou meu apartamento, eu me recostei em meu sofá gasto e chique – ênfase no gasto –, de uma loja barata, com uma caneca de café nas mãos, e pensei em quanto eu adorava minha vida. O Per Se era um restaurante quatro-estrelas. Eu ganhava uma boa grana falando de comida o dia inteiro. Trabalhava com gente impetuosa, futuros líderes no ramo; convivia com eles, mesmo que não fôssemos colegas. Tinha um apartamento espaçoso, ensolarado, quase um quarto-e-sala, pelo qual pagava menos que amigas que dividiam *lofts* sem janelas. Uma dessas amigas morava com um web designer careca que comia tortas de supermercado inteiras quando ficava doidão (ocorrência freqüente). Ele era um progresso, desde a companheira de quarto que ela tivera na New York University que atendia por Jedi e que decorou o quarto delas com personagens de *Guerra nas estrelas*. Finalmente, eu me apaixonara por um homem com quem podia me imaginar compartilhando a vida e o sucesso. Outro dia mesmo, eu o flagrara me encarando, do outro lado do salão do restaurante.

– Em que você estava pensando? – perguntei, mais tarde.

– Em como seriam nossos filhos – respondeu ele.

Suspirei e dei um gole no café antes de olhar para a tela do meu computador. Este repousava tranqüilo, sobre uma arca de madeira, em cima da qual eu também colocava uma pilha de revistas de gastronomia e, ocasionalmente, os pés. Quando me levantei, vi que meu computador tinha novidades para mim. André deixara sua caixa de e-mail aberta.

Rolei com o mouse para cima e para baixo por um tempinho, olhando os assuntos dos e-mails recebidos de gerentes e outros sommeliers. Havia alguns da Leigh, alguns da mãe dele, nada surpreendente. Mas, depois de algumas páginas, notei um certo número de telefone celular, de Nova York, mandando mensagens além da quantidade aceitável. Ali estava, novamente. E outra vez. Fechei o computador. Eu ia gostar se alguém ficasse lendo o meu diário? Quando abri as páginas mais recentes do meu último diário vi por que isso deveria ser evitado.

Torrada. Torrada seria algo tranqüilizador. Minha torradeira pré-histórica prateada devia ser vigiada de perto; se eu me distraísse por um segundo, ela explodia em labaredas. Eu havia pensado em substituí-la, mas ficava ótima em minha cozinha estilo anos 1950, ao lado do antigo ventilador branco, que eu também usava como ruído de fundo, até que ele também começou a soltar faíscas. Podia ser qualquer pessoa. Podia ser algum dos outros sommeliers, ou um representante de vinhos insistente, ou um amigo de quem ele não me falara. Minha mente queria acreditar nisso, mas o júri formado por meu corpo, minhas mãos suadas e meu coração apertado, juntamente com o nó em minha barriga, precisava de mais provas. Em alguns minutos, minha torrada estava esfriando sobre a arca de madeira enquanto eu percorria toda a caixa de entrada de André.

Beber *margaritas* e assistir ao jogo.
O que você vai fazer mais tarde?

Longo dia. Como vai você?

Jantar esta semana, só nós dois?

Ligue, quando tiver uma chance.

Parecia que eu podia abrir o e-mail de André sempre que quisesse, sem uma senha. Eu espiava, à noite, quando chegava em casa, de manhã, quando acordava, ao longo dos meus dias de folga. Comecei a pensar sobre a misteriosa autora dos textos como sendo a "2040", os quatro últimos dígitos do telefone – 2040, como a visão mínima exigida para se obter uma carteira de motorista.

Ironicamente, as coisas com André estavam melhores do que nunca. Ele andava atrás de mim no trabalho, praticamente se mudara para minha casa, no Brooklyn, quando estava de folga. Um dia, paramos num novo bar que havia aberto em meu bairro. Dava uma sensação de lar, em parte, por compartilhar a entrada com uma loja. Esta vendia leite em garrafas de vidro, havia lingüiças penduradas no teto e tortinhas caseiras perfiladas ao lado do caixa. Era um daqueles estabelecimentos nostálgicos, que surgiam cada vez mais pela cidade: padarias com desenhos de bolinhas, lanchonetes ao estilo carro-restaurante, hotéis rústicos e choupanas de surfe com o piso coberto de areia. Eu tinha a sensação de que havia mais designers desempregados do que imaginara, e todos eles estavam bem perto de voltar para casa e plantar ervilhas.

Era o começo da noite e a equipe ainda estava se preparando enquanto bebericávamos um rosé e refrescávamos os cotovelos no tampo de mármore. Do lado oposto da sala, um menininho desenhava numa mesa de madeira, enquanto os adultos discutiam que ostras haviam chegado e que queijos escreveriam nos quadros-negros pendurados em cada parede de lambri. De vez em quando, o menininho segurava um desenho para que eles fizessem sua crítica entusiasmada.

UM MENU DE AVENTURAS ❧ 158

– Eu poderia ter um lugar assim – disse André, inspecionando a sala. Eu o encarei, surpresa. – Não, sério. Gosto da simplicidade do salão. Das mesas sem simetria, dos bancos e da parede de garrafas. – Olhamos ao redor como compradores potenciais, acrescentando um móvel ali, um fatiador de carne aqui. – Sempre achei que isso seria legal – disse André, logo depois. – Ter filhos que crescem em seu restaurante.

– É. Eles passam lá depois da aula para comer um lanche...

– E fazem o dever de casa enquanto nos preparamos para abrir...

Como todas as discussões sobre o futuro, a conversa começava num tom abstrato e logo passava a ser sobre nós. Até sairmos do bar, já tínhamos imaginado um pequeno negócio e dois filhos, com uma diferença de dois a quatro anos entre eles.

– Será que a vigilância sanitária permitiria um bassê?

– Buldogue francês.

– Tanto faz.

E, ainda assim, depois de conversas como essa, eu ansiava por momentos sozinha, para ver o que a 2040 tinha a dizer.

Quanto mais eu lia, mais real ela se tornava. Quando eu andava no metrô, examinava os rostos de todas as mulheres atraentes. Dependendo do meu humor e do livro que eu estivesse lendo no momento, ela poderia usar botas de cano alto até a coxa, sapatos fechados, tênis de corrida ou chinelos com pedrarias. Eu pensava nela enquanto colocava as meias. Será que as dela tinham buracos no calcanhar, como as minhas? Pensei nela quando vi, horrorizada, uma baratinha entrando atrás da geladeira. Com que freqüência ela limparia o chão? Pensava nela quando me esqueci da água no fogão e arruinei outra panela. Quando ficava sem ter o que dizer, ou quando falava demais, quando era muito frívola, ou séria demais. E também quando ficava com soluço, quando meus pés rachavam e quando eu avistava meu papo sob o queixo no espelho. Ela me assombrava no meio da noite, quando me convenci de que meus dentes amarelavam a cada minuto. Enquanto estava obcecada pela 2040, mordia meu lábio inferior até ficar marcado. Quando bebia algo particularmente corante, as marcas ficavam num tom roxo-escuro e permaneciam assim durante dias. Eu tinha de acreditar que ela jamais se encontraria numa situação dessas. Será que ela fazia as unhas na manicure, ou eram bem roídas como as minhas? E palmas atarracadas? Será que alguma vez ela fazia pedidos ruins, ou ouvia música que estava fora de moda há muito tempo? Quanto a plantas, será que ela entendia o temperamento inconstante do alecrim, conseguiria cultivar um pé de figo e domar uma aranha perigosa? Será que seus cabelos ficavam em pé de manhã, como os do Pequeno Príncipe? Ela provavelmente nunca roncava. Será que ele sabia disso?

Quando André sumia de vista, eu formulava fantasias ainda mais elaboradas em minha cabeça. Os nomes dos dois apareciam nas listas de reservas dos novos lugares que inauguravam. Eles passavam as noites de folga de André em bares, ou consumindo comida para viagem, na cama. Ela, é claro, de salto alto fino. Nas noites em que não trabalhávamos juntos, eu ligava assim que o turno terminava. Quando ele atendia, eu ficava tentando ouvir vozes ao fundo. Quando não atendia, eu deixava uma mensagem banal, depois pegava um táxi de volta ao Brooklyn, pronta para dizer ao motorista que fizesse a volta. Enquanto estava ali, sentada, olhando para o telefone, pensava em como eu, a rainha da independência, me transformara numa escrava de outra pessoa.

Nosso programa de quarta-feira ainda está de pé?

Não está, pensei comigo mesma, antes de apertar a tecla *delete*. Depois entrei em pânico. E se ele olhasse a pasta de mensagens excluídas? Cliquei na lixeira e vi a mensagem alegrinha da 2040 no meio da lista. E se eu apagasse todas as mensagens? Não, isso poderia levantar sérias suspeitas; melhor continuar calma e torcer para que isso passasse despercebido.

No trabalho, quando eu via André conversando com alguém no salão, logo arranjava um jeito de me aproximar. Um dia, ele ficou por um tempo particularmente longo rindo e papeando com duas mulheres sentadas no sofá próximo ao salão. Ele estava em pé, na janela, seu terno escuro contornado pelo céu noturno e pelas pequenas luzes. Estava encostado no parapeito da janela, de braços cruzados, revelando o brilho das abotoaduras de prata de que eu gostava, com formato da ponta de uma caneta tinteiro. Havia uma morena de frente para mim, mas sua amiga estava sentada, obstruindo o outro lado. O formato do encosto do sofá só me permitia ver os cachos louros e a mão dela esticando para apertar o braço de André, e o cruzar e descruzar das pernas com botas pretas de cano alto. Devia ser ela.

A imagem daquelas botas ficou comigo durante dias, e decidi que era hora de tomar uma atitude. Como uma desbravadora que defende o território conquistado, eu reivindicaria meu homem! Não havia perdido meu território, mas minha natureza competitiva superou qualquer lição de bom senso aprendida. Algumas noites depois, André e eu seguíamos para um pequeno bistrô na área norte de Manhattan. Era o único lugar da cidade que servia sanduíches *croque madame* às duas da manhã.

— Não quero que você saia com mais ninguém — disparei, assim que nos sentamos.

— Será que um cara não pode primeiro tomar um drinque? — André fingiu estar irritado, mas estava sorrindo.

— O que é tão engraçado?

— A Leigh outro dia perguntou se já tivéramos essa conversa.

— Ah, é? Não diga.

— É. Ela disse que você está atrasada. Que isso costuma acontecer nos três primeiros meses.

– Você estava morando com uma pessoa durante os três primeiros meses.

– Não precisa ficar competitiva. – Quando o garçom passou por perto, André pediu uma cerveja para ele e uma taça de champanhe para mim, e um *croque madame*.

– Você quer alguma coisa?

– Não, vou comer o seu.

Esperei para continuar a conversa até termos algo diante de nós. Quando a comida chegou, ele deu uma mordida e olhou para mim, cuidadosamente, enquanto mastigava.

– Então? – disse eu, voltando à minha pergunta original, ou ao que a pergunta envolvia.

– Então, está bem – disse ele, de boca cheia.

– Isso significa que você não está saindo com outra pessoa ou que ouviu o que eu disse?

– Significa que, por mim, tudo bem.

– Ninguém mais?

– Ninguém mais.

Até que foi fácil, pensei, desconfiada, mas só o tempo diria. O tempo e a 2040.

O DIA DAS ELEIÇÕES estava chegando e nós nos programamos para folgar juntos. André não se registrara para votar e eu o fiz ir comigo até a escola pública, no fim da rua, onde eu votava. Era um daqueles dias de fim de outono e, depois que coloquei meu voto na urna, saímos à procura de um lugar para almoçar.

– Vamos assistir a um filme!

– O que você quer assitir?

– Que tal *Sideways – Entre umas e outras*?

No fim das contas, esse filme sobre vinhos acabaria moldando nossos destinos. Jamais voltaríamos a servir um Merlot. André precisaria refazer o pedido de todo o Pinot Noir e eu discutiria o filme em oitenta por cento de minhas mesas. Quando fiquei exausta do assunto, invoquei minha compaixão e disse a mim mesma que eles haviam pedido Pinot por também se sentirem frágeis e mal interpretados. Por ainda não saber as implicações, desfrutamos o filme e voltamos para casa para ouvir os resultados das eleições no rádio. A princípio, a nação parecia ter recobrado a sanidade. Mas, à medida que mais resultados chegavam, comecei a me desesperar.

– A culpa é sua – disse eu, olhando para André.

– Tanto faz. Votar no Texas é tão insensato quanto votar em Nova York.

Eu estava deprimida demais para discutir. E acabamos perdendo toda a esperança, trocando a rádio nacional pela música "Kind of Blue", de Miles Davis. Eu tentava imaginar que a realidade terminava na beirada do meu sofá. Éramos somente André e eu, e uma folha ocasional de outono entrando com o vento, pela janela. Conversamos durante horas, contando um ao outro sobre os últimos vinte anos de nossas vidas. E depois de uma rápida pausa, André disse:

– Sabe, eu poderia ter dito que amo você há muito tempo.

Mas que virada de jogo. Ele fez o partido republicano se envergonhar.

– Idem – respondi.

Então, essa parte estava resolvida. Voltamos a ligar o rádio, só para saber se tínhamos perdido um milagre. Não tínhamos. Acho que posso dizer com segurança que se está apaixonado quando o apocalipse se aproxima, e você não poderia estar mais feliz.

MAS NO DIA seguinte, a 2040 anunciou que ia vestir calças de couro.

Agora eu estava encrencada. As coisas com André pareciam estar tomando um rumo tranqüilo; não era uma hora oportuna para admitir que eu estava lendo seu e-mail, muito menos para ligar para a 2040 de um telefone público da Sexta Avenida.

– Você realmente quer entrar em outro relacionamento? – perguntei, numa noite, torcendo para inspirar uma confissão. – Você acabou de terminar um. Não quer dar umas voltas por aí, ver outras coisas, algo assim?

– Chef, não tenho mais tempo para isso.

Quando forcei um pouquinho mais sobre como as coisas haviam terminado com Leigh, ele deu uma resposta ligeiramente lisonjeira.

– Foi meio como se eu tivesse subido à superfície para pegar um ar e encontrado algo que não estava procurando.

Só mais tarde, quando eu estava sozinha, é que comecei a pensar exatamente em quanto ar ele havia inspirado. Claramente, ele não ia me contar nada. Simplesmente teria de continuar a ler. E investigar as calças de couro.

– Quem é você? – perguntou André, quando recusei um sorvete de casquinha, algumas semanas depois. – A mulher por quem me apaixonei jamais diria não a um sorvete.

– A mulher por quem você se apaixonou também pode perder alguns quilos.

– Está brincando? Meu acordo pré-nupcial vai estipular um peso mínimo. Se perder um quilo, eu largo você.

É. Por esse valia a pena lutar.

. . . .

— Dica —

. . . .

A MESA É SEMPRE MAIOR E MAIS QUIETA DO OUTRO LADO DO RESTAURANTE.

. . . .

FORNECEDORES

À s vezes, quando eu tinha um momento de pausa, gostava de observar o salão do restaurante, as sobremesas esculturais, os cestos de prata de pão, os guardanapos dobrados de maneira elaborada, e pensava em como algo simples como o ato de comer se transformara nisso. Há um ensaio na segunda coleção de David Rakoff* intitulado "What Is the Sound of One Hand Shopping?" ("Qual é o som de uma mão fazendo compras?"), no qual ridiculariza os excessos da sociedade que adotou (ele nasceu no Canadá). Nesse ensaio, particularmente, Rakoff não poupa nada nem ninguém: equipe, clientela e a filosofia séria e importante em relação à comida e ao cultivo dos produtos de determinados restaurantes do nordeste da Califórnia – que poderiam muito bem ser o French Laudry ou o Per Se. E ele o faz de uma forma que envolve qualquer pessoa que já tenha comprado água importada ou sal marinho, produtos que, na opinião de Rakoff, submetemos "ao tipo de minúcia antes reservada à escolha de um oncologista". Concordo que, por um

---

* David Rakoff (1964-), ensaísta, jornalista e ator canadense. Escreve para *New York Times Magazine, Outside, GQ, Vogue* e *Salon*. (N. de E.)

lado, a atenção obsessiva com o ato de comer, os ingredientes, as combinações de sabores e a política alimentar realmente reflete um excesso de tempo e recursos de uma sociedade obcecada pelo status. Por outro lado, muitas de nossas crianças pensam que galinhas têm dedos. Será que um menu degustação é mais exagero do que uma "refeição" *fast-food*, que causa entupimento das artérias e pode levar ao diabetes, e que mal saboreamos enquanto disparamos pela estrada, a 120 quilômetros por hora?

Eu sempre pensava no contraste, no absurdo de ficar tagarelando sobre os nomes das vacas que produziam o leite usado para fazer a manteiga, enquanto estava ali, na selva de pedras que é a cidade de Nova York. Essa era a mesma manteiga que mudava de cor com as estações, que eu presumia ainda existirem, em algum lugar. Também fiquei impressionada quando ouvi o criador de ovelhas da Pensilvânia explicar que o segredo para obter uma carne macia e suculenta era ouvir os animais. Será que ele não os ouvia quando suplicavam por suas vidas?

A sociedade à qual o sr. Rakoff se refere cria uma marca para tudo aquilo a que se atribui algum valor. "Linhagens", "sustentável", "orgânico" e "local" são classificações que se tornaram uma nova forma de criar marcas numa sociedade obcecada por rótulos, e isso se estende aos produtos mais baratos das grandes redes de supermercado. Como sinal dessa tendência, o menu do Per Se pode ser lido como uma revista de moda, só que, em vez do corte, da cor e do estilista, havia o corte, a cor e o criador. As batatas não eram batatas, eram batatas roxas da horta do sr. McGregor. Codornas da Cavendish Farms, carnes da Snake River Farms, vitelas de Four Story Hills, coelhos de Hallow Farms, cenouras Thumbelina, maçãs Pink Lady e rúcula selvagem eram apresentados com a mesma sofisticação.

Mas quando se trata de comida, sou tão consciente do rótulo quanto minhas amigas que freqüentam o shopping. Quando eu estiver amorosamente preparando o café-da-manhã para meus futuros filhos, gostaria ao menos de saber que estou servindo cereal geneticamente modificado pela Monsanto com leite contendo hormônio de crescimento bovino, morangos expostos a agrotóxicos diazinon e bananas irradiadas. Dessa forma, saberei a quem agradecer quando as crianças tiverem alergias alimentares, autismo e leucemia, e quando entrarem na puberdade antes do tempo. Devo acreditar que quanto mais curiosos nos tornamos sobre a comida, melhor para nós.

Nesse meio-tempo, enquanto esperava pela mudança global, resolvi que queria conhecer alguns fornecedores do restaurante, para que não me sentisse tão farsante quando estivesse junto a uma mesa, no intuito de realmente entender de onde vinham os alimentos, quem os produzia e por que custavam tão caro. Havia muito a escolher, mas minha primeira idéia foi visitar a linhagem de patos que eram incluídos no menu no outono. Quando pedi o telefone a Corey, ele revirou os olhos.

– Você sabe que lá não é um zoológico.

Minhas outras opções incluíam uma fazenda em que as galinhas eram alimentadas com leite (em pó, não engarrafado), uma família (a quem servi e adorei) que produzia ostras em Cape Cod, uma fazenda orgânica em Long Island administrada por um chef, e um rabino que catava agrião e alho-poró selvagem na região norte do estado de Nova York. Um projeto que achei particularmente interessante foi a combinação de uma cerveja especial e um queijo, organizada por uma produtora de laticínios de Vermont. A produtora de laticínios, chamada Jasper Hill Farm, era administrada por dois irmãos novatos no ramo de queijos. A combinação feita no Per Se consistia de uma cerveja fermentada por um amigo deles e o pungente queijo Winnemere, feito de leite de vaca cru, amarrado em cascalho de abeto e lavado com a mesma cerveja. A cerveja chamava-se Agatha, e acredito que a confusão tenha começado por isso.

De alguma forma, na conversa ao telefone, a informação foi ligeiramente distorcida e a equipe entendeu que o queijo era feito de uma única vaca chamada Agatha. Queijo de uma vaca só. Eu já ouvira falar de café e chocolate de um único grão, mas nunca ouvira falar de queijo de uma vaca só. O que viria a seguir? Ovos de um único ninho? Couves-de-bruxelas de um único talo? Uma noite, durante a temporada do Winnemere, André saiu do trabalho bastante contrariado.

– Chef, tenho uma história para você. Mas primeiro preciso tirar este terno. Depois, preciso de um drinque.

Aparentemente, um cliente VIP do ramo gastronômico tinha reserva para o jantar, e a cozinha queria que ele experimentasse a combinação Agatha/Winnemere. O estoque da cerveja no restaurante terminara, portanto André mandou um cumim comprar uma caixa com seis garrafas no depósito de vinhos em Chelsea, tal era a importância do cliente. Eles gostaram do champanhe e dos aperitivos extras, e o anfitrião famoso parecia muito cordial, mas quando chegou a rodada de queijos, a refeição azedou.

– No começo achei que ele só estivesse brincando, quando começou a enlouquecer, então, dancei conforme a música – disse-me André. – Mas ele se recusou a comer o queijo. Simplesmente ficava balando a cabeça, dizendo: "Isso é um absurdo!"

No fim das contas, os convidados do cavalheiro, André e o garçom perceberam que o cara estava realmente enfurecido com a informação sobre o queijo de uma vaca só. Eles rapidamente providenciaram um queijo diferente, com a outra sugestão de vinho apropriada. Mas André não conseguia tirar aquilo da cabeça. Por que ele ficara tão aborrecido?

Como não resisto a um escândalo, resolvi que queria conhecer Agatha e ver se conseguia descobrir mais sobre aquele cliente tão importante. Assim, sairia da cidade por um fim de semana e me fartaria de queijo. Como apreciadora de todos os queijos – quanto mais fedorento melhor –, fiquei empolgada e um pouquinho perplexa ao constatar a explosão da produção artesanal doméstica nos últimos dez anos. Agora existem exemplos deliciosos encontrados na Louisiana, no Texas e no grande estado produtor de queijos que é Connecticut. Em lugares como Vermont, que sempre foi reconhecido por seus laticínios, os pequenos produtores estão proliferando.

A fazenda Jasper Hill localiza-se em Greensboro, Vermont, no coração do Northeast Kingdom.* Quando o queijo de lá esteve no menu do Per Se, essa informação foi afixada no mural do corredor, junto a uma descrição do sabor, e todos acharam o nome "Northeast Kingdom" incrivelmente divertido. Se ao menos soubessem da ironia – o nome imponente, na verdade, referia-se a uma das regiões mais pobres e indômitas de Vermont. É o tipo de lugar em que as aulas podem ser canceladas em razão do primeiro dia da temporada de caça. André e eu pegamos o último vôo do aeroporto JFK, numa noite de sábado, depois que ele saiu do trabalho. Chegamos no aeroporto de Burlington, maior cidade de Vermont, com aproximadamente 40 mil habitantes, onde minha mãe recentemente comprara uma casinha. "Vou deixar a porta dos fundos aberta", disse-me ela ao telefone.

Na manhã seguinte, acordamos cedo e fomos com nosso carro alugado até a fazenda. A locadora nos reservou um PT Cruiser, modelo que sempre achei insensato. Preparei André para ser ridicularizado por meu irmão, que era muito seletivo quando se tratava de certas escolhas de marcas e estilos de vida. Ele desdenha, por exemplo, a maioria dos cachorros pequenos e *jet skis*. Sam tem um acordo com seus dois melhores amigos da faculdade: se qualquer um deles algum dia com-

---

* Termo usado para se referir à região nordeste do estado americano de Vermont, que abrange os condados de Essex, Orleans e Caledônia. (N. da E.)

prar uma minivan, os outros dois têm o direito de se livrar dele, sem aviso. Então, em nosso pequeno PT Cruiser, André e eu passamos pela fábrica Ben & Jerry's, em Waterbury, e por Stowe, repleta de Mercedes. Foram ficando para trás os condomínios de esqui e começaram a aparecer casas de fazenda e trailers arruinados, os símbolos homossexuais deram lugar aos laços amarelos amarrados em árvores, sinal de que ali viviam famílias à espera de seus entes queridos que partiram para a guerra. Depois de aproximadamente uma hora, paramos de seguir o rastro de Subarus com adesivos de pára-choque do tipo "adubo acontece" e "aleitamento materno a qualquer hora, em qualquer lugar" e outros dizeres típicos dos hippies. Um programa de rádio totalmente dedicado à divulgação de bazares de garagem fez um intervalo para anunciar um evento ao ar livre, intitulado "Loucuras na grelha". Vacas pastavam numa área de equipamentos abandonados, que permaneciam inutilizados enferrujando como esculturas de jardim.

Quando liguei para pedir instruções de como chegar lá, Mateo, um dos dois irmãos que cuidavam da fazenda, me disse para virar à direita no sinal. Que sinal? Só havia um. Continuamos seguindo as instruções, que mencionavam lavanderias e delegacias de polícia, mas não citava nomes de ruas, até que a via se transformou numa estrada de terra e as casas foram ficando cada vez mais distantes umas das outras. Finalmente, viramos na entrada de uma garagem e descemos um ligeiro declive, até um celeiro anexo a uma casa que parecia estar permanentemente em fase de construção. Era um dia quente e os dois cachorros que vieram nos receber estavam cobertos de poeira por rolarem na terra fresca à sombra do celeiro.

Mateo e Andy Kehler compraram a fazenda em 1998, sem jamais terem a intenção de fazer queijo. Eles foram criados na América do Sul, mas queriam se mudar para Northeast Kingdom, terra natal da família da mãe. Boa parte da família vivia na mesma região. Durante nossa visita, um primo os visitou e um amigo da família passou por lá ao sair do campo onde estivera trabalhando. Determinados a se estabelecerem ali, os dois irmãos tinham algumas idéias sobre como poderiam se sustentar. Antes de tentarem o queijo, pensaram no *tofu*, mas Andy nos disse que só o produziram em sua própria cozinha, em pouca quantidade.

Nem todos os produtores de queijo permitem visitantes, pelo receio de perturbarem seu ambiente frágil. Mas nem todos os produtores botam Greatful Dead para tocar em seus celeiros. Fomos instruídos a tirar nossos sapatos e escolher um par de galochas. Colocamos uma redinha na cabeça (até André, que é careca) e lavamos as mãos na pia junto à porta, com o mesmo cuidado de cirurgiões. Depois de entrar, à nossa direita, havia um imenso tonel de aço inoxidável ligado a um fio que seguia até o celeiro. Andy tira o leite das vacas pela manhã e, alguns minutos depois, este é enviado ao tonel. Ao contrário de muitas instalações em que o queijo é feito com leite vindo de outro lugar, o leite de Jasper Hill nunca fica à espera por mais de 24 horas antes de ser transformado em queijo. Andy nos conduziu ao longo de todo o processo, desde a separação do soro até as etapas de salga, modelagem e maturação.

Depois de termos nos conhecido um pouquinho, André perguntou por Agatha. Esta, afinal, estava morta. E eles não produziam tal coisa como um queijo de uma vaca só.

– Até poderíamos – disse Andy –, mas acho que seria um saco.

Agatha foi a primeira vaca deles que deu cria. Isso aconteceu antes do esperado, antes que as instalações para produção dos queijos estivessem concluídas, e Andy precisava tirar o leite à mão. O nome da cerveja havia sido em sua homenagem, mas só isso. A controvérsia havia sido desfeita.

Andy explicou que eles usavam 360 quilos de sal a cada seis semanas. O que me fez pensar em meu amigo David Rakoff.

– Que tipo? – perguntei a ele.

– Sal marinho – informou ele, depois passou a descrever como era difícil encontrar sal sem aditivos. Tentei saber mais um pouquinho, zombando ao me referir da quantidade de sal que havia no mercado com preço excessivo. Andy discordava totalmente.

– Quanto mais opções para escolher, melhor – disse ele.

Agora, quando penso a respeito, percebo que fiz a pergunta com uma ponta de culpa de consumidora excessivamente privilegiada. O que eu estava esperando? Que ele me olhasse com um olhar vago, como se nunca tivesse ouvido nada além de sal iodado e marcas de supermercado? De fato, não. Diante de mim estava um conhecedor de sal, bem ali, em Northeast Kingdom.

Em 1970, em Greensboro, Vermont, existiam 33 fazendas de laticínios. Em 2006, havia nove. Andy achava que o ano de 2006, com o aumento nos custos de combustível e transporte, seria particularmente difícil. Apenas dois dias antes, o maior fazendeiro de laticínios da cidade fizera-lhes uma proposta para vender sua produção de leite. Isso não é algo em que eles estivessem particularmente interessados, em razão dos riscos de possíveis contaminações. Mas pensavam em construir instalações para a elaboração dos queijos em outras fazendas.

Numa época em que os fazendeiros locais já não podem sobreviver vendendo os produtos com os quais contavam, criar uma espécie de DOC* às avessas poderia ser sua única esperança. Na Europa, determinados produtos, como o presunto de Parma ou o vinagre balsâmico de Módena, só podem ser produzidos naquelas regiões. Em troca de seguirem determinadas regras e tradições, esses produtores locais mantêm um monopólio protegido sobre alguns ingredientes cobiçados. Se Mateo e Andy jogassem as cartas certas,

---

* Denominação de Origem Controlada (DOC). (N. da E.)

poderiam estabelecer algo desse tipo com seus queijos e salvar uma indústria moribunda.

Não é uma época fácil para os fazendeiros e, cada vez mais, ouvimos os líderes das indústrias de alimento e agricultura convocando uma ação em âmbito local. Andy e Mateo poderiam comprar alimento orgânico do Canadá e consumir toneladas de combustível para transportá-lo. Ou poderiam comprá-lo do fazendeiro do fim da estrada e ajudá-lo a sobreviver. Claro que eles adorariam ser orgânicos, porém também acreditam que para ter qualquer controle sobre o suprimento alimentar é preciso mantê-lo perto de casa.

Os irmãos pensam muito em seus vizinhos. Quando descemos às instalações frescas de concreto para a maturação, encontramos queijos do estado inteiro. A maturação de queijos requer muito tempo e cuidado. Ele precisa ser virado para maturar de forma igual; batido, para que o mofo não engrosse demais; furado, para que o mofo possa penetrar. Essa é uma preocupação constante para Mateo e Andy, pois os queijos, muito parecidos com crianças, animais de estimação e plantas, precisam ser afagados. Na França, o título de tal artista é *affineur*. Jasper Hill fornece esse serviço, que requer tempo, para queijos como o Cabot – cujos tabuleiros tomam uma parede inteira do porão –, a produtores menores, que não dispõem de instalações com controle de umidade e temperatura. Vimos queijos de cabra de outra fazenda vizinha, alguns tabuleiros da mais antiga fábrica de laticínios do país, localizada em Crowley, também em Vermont. E os queijos da própria fazenda Jasper Hill, é claro.

O mofo branco e fofo crescendo no Constant Bliss fazia com que, a distância, os queijinhos parecessem tortas cobertas com glacê, e pintinhos, quando vistos de perto. Havia tábuas e mais tábuas de seus dois tipos de queijo azul, Bayley Hazen e Bartlett Blue. Num canto da parede estava o Aspernhurst, semelhante ao *cheddar*. Esses moldes grandes precisam de 18 meses para maturar. Nesse momento, a fazenda produz pouquíssimos, porque a procura por eles é tão baixa que os custos de produção não compensam. A maior parte do trabalho com essa variedade concentra-se no começo do ano, ou, como Andy disse, "na temporada de resoluções do Ano-Novo".

– Vamos ver as vacas – sugeriu ele, depois que vimos o funcionamento.

Descendo o vale, Andy apontou para um novo celeiro no qual haviam trabalhado, até que voou. Eles haviam erguido três lados e o telhado, quando um vento de 130 quilômetros por hora, como ele mesmo disse, o transformou num barco a vela. Andy, que um dia trabalhou como empreiteiro, havia ficado feliz em fazer a primeira construção. Mas duas vezes, não. Ele desligou a cerca elétrica e a baixou, para que pudéssemos passar por cima. A grama estava alta e verde e escondia os bolos de cocô que estavam ocultos, aqui e ali.

– Muuuuuu – Andy chamou, em voz baixa.

As vacas responderam juntas.

Quando os dois estão por lá, Mateo cuida dos queijos e Andy trata dos animais. Embora eles tenham suas especialidades, os irmãos se asseguram de que cada um saiba de todas as etapas do procedimento, de modo a terem flexibilidade para sair de férias, participar de feiras alimentícias e coisas do gênero.

Jasper Hill utiliza vacas Ayrshire, em razão da homogeneização natural do leite. Na verdade, chega mais próximo ao leite de cabra do que, digamos, ao leite da raça Jersey. Se você deixar o leite das vacas Jersey do lado de fora, verá que uma camada grossa de gordura logo irá se formar na superfície – o que o torna ideal para a produção de manteiga. Mas se você quiser um queijo rico que mature rapidamente, vai preferir algo mais homogeneizado. Os leites Ayrshires, como os franceses Normandes e Montbeliard, fazem exatamente isso. Eles têm uma coloração de ferrugem e creme, alguns mais para a cor creme com pintinhas vermelhas, outros mais avermelhados.

Um novilho chamado Gizmo parou ao lado e começou a babar no dedão do meu pé descalço. Foi quando caiu a ficha. A última vez em que eu falara tanto sobre vacas, eu estava em pé, de terno e gravata, num prédio com vista para a rua Cinqüenta e Nove. Agora, uma língua imensa estava tentando lamber a minha barriga. Com "tentando" quero dizer que ele estava empurrando seu focinho ossudo contra mim e encharcando a minha camiseta, sem realmente conseguir erguê-la. Fiquei lisonjeada e afaguei o tufo de pêlos entre seus olhos de cílios longos. André, eu percebi, estava mantendo distância. De vez em quando, as vacas faziam uma pequena disputa sobre um tufo particularmente polpudo de grama e acontecia uma grande movimentação. André logo recuava.

– Alguém estava com um pouquinho de medo das vacas? – provoquei, quando voltamos a subir o vale.

– Gosto dos meus dez dedos dos pés.

Andy nos informara que seu gado pesava cerca de 400 a 450 quilos por cabeça.

As vacas também não se interessaram por André. Tinham visitantes de mais. As crianças passavam por ali quando iam para a escola, assim como os fazendeiros aposentados que moravam nos arredores. Eles faziam questão de dizer que não usavam nada daquela parafernália de máquinas – ordenhavam as vacas manualmente.

Depois que vimos as vacas, Andy quis nos mostrar seus novos porcos. Ele explicou que isso seria uma experiência. Como assim? Bem, presuntos secos ao ar livre, entre outras coisas. Mas quando ele pulou dentro do chiqueiro e começou a correr atrás deles, fiquei me perguntando se algum dia aqueles animais veriam uma faca. O homem era realmente brincalhão. Quando perguntei a Andy sobre suas fontes inspiradoras, ele me falou sobre um homem de Virgínia que tinha um esquema que envolvia vacas, porcos e galinhas. Os porcos se alimentavam do soro do queijo e as galinhas comiam insetos das pastagens das vacas. Esse esquema poderia não funcionar numa pequena fazenda como a Jasper Hill, mas eles estavam a caminho disso. Os oito porcos, Humpty, Dumpty, Piggly, Wiggly, Eeny, Meeny, Miney e Mo, já se alimentavam de soro, e Andy estava pensando nas galinhas.

Quando voltamos ao celeiro principal, pegamos uma garrafa de champanhe Laurent Perrier 1996 que havíamos trazido, achando que cairia bem com o Constant Bliss. Em troca, Andy nos deixou escolher alguns queijos para o jantar. Colocamos novamente as galochas e lá fomos nós para o porão. Escolhemos o Constant Bliss e o Winnemere, que Andy envolveu no gelo, para a viagem.

No trajeto até a casa de meu irmão, em que o "aleitamento materno acontece a qualquer hora", conversamos sobre a nossa aventura. Foi como visitar os vinhedos, disse André. Aqui esses produtos têm uma reputação de presunçosos, com nomes franceses e datas inúteis, e é fácil esquecer que são feitos por alguém repleto de lama nas botas.

Ao chegarmos na casa de Sam, havia uma minivan estacionada na frente. Aparentemente, sua picape havia pifado e ele tinha sido forçado a pegar um carro emprestado com um amigo. A oportunidade perfeita para provocar meu irmão de modo impiedoso era algo absolutamente sensacional.

APESAR DE SUAS origens humildes, o queijo artesanal é considerado pela maioria dos consumidores um produto de luxo. Mas o que realmente define o luxo? E quando algo foi longe demais? Para aquele VIP mal informado sobre o queijo de uma vaca só, a fronteira entre o luxo e o exagero havia sido ultrapassada. Mas ele pode muito bem ter uma geladeira de 14 mil dólares em casa e estar perfeitamente à vontade com isso.

O Per Se é caro, não há como negar. Mas igualmente caros são os quadros, as passagens aéreas e as noites no teatro. Amigos muitas vezes explicavam, num tom de desculpas, que adorariam comer no Per Se, mas simplesmente não podiam pagar. Se isso fosse verdade, eu entenderia. Não estou discutindo a pobreza verdadeira. Mas as mesmas pessoas que viam um obstáculo no preço do menu degustação habitualmente gastavam a mesma quantia em ingressos de show, equipamentos eletrônicos, softwares ou sapatos dos quais realmente não precisavam. As pessoas esperam gastar com arte e viagem, mas quando se deparam com menus com preços de três dígitos, reagem como se fosse algo louco e perverso.

Nem todo mundo que ia ao Per Se era milionário. Numa das mesas, um cozinheiro e sua namorada detonavam meses de economias numa refeição de verdade, com meia garrafa de nosso Sancerre mais barato. Na mesa ao lado, dois irmãos do mercado financeiro gastavam seus habituais 20 mil dólares com algumas garrafas e só bebiam a metade. Se estivessem com fome, comeriam uma fatia de pizza; em vez disso, pagavam pela lembrança, a comunhão, o relaxamento e a experiência que compartilhavam.

Logo no início, descobri que eu e André tínhamos uma postura bem semelhante quando se tratava de gastar. Nenhum de nós dois tinha carro. Não tínhamos imóvel próprio. Não gastávamos muito em roupas. Raramente íamos ao teatro ou a shows. Não comprávamos arte, nem móveis caros, nem televisões imensas, nem aparelhos de som. Gastávamos dinheiro em duas coisas: comida e algo que em breve chamaríamos de "luxo diário". Incluída nessa categoria estava pasta de dentes de US$ 8, por exemplo. Sim, um tubo de pasta de dentes pode ser comprado por um quarto disso, mas nós decidimos que se aquilo aumentava nosso amor pela vida, ao menos duas vezes por dia, então valia a pena. Roupa íntima da mais macia que havia. Bom café, manteiga, geléia e mostarda. Táxis. Flores. Bacon em pedaços. Papel higiênico de folhas triplas. Toalhas de banho e robes imensos e felpudos. Assinatura de revistas. Abotoaduras e pulseiras de prata. Vinho. Passeios diurnos. Claro, o luxo diário está no olho de quem vê. Para algumas pessoas, isso pode ser cereal em caixa, uma descoloração do cabelo ou uma creche. Para outras, pode ser um jatinho particular, ou um móbile de Calder.

Entendo o risco envolvido. Se não for cautelosa, vou acabar sendo parte do que David Rakoff chama de "exército de indivíduos sensíveis a todas as químicas, princesas carentes que sentem um grão de ervilha seca sob cem colchões". O tipo de pessoa que literalmente se recusa a beber água da torneira. Tenho bons amigos que prometeram me empurrar do alto do barranco caso isso aconteça.

Essa foi uma maneira, cheia de rodeios, de dizer que não quero que ninguém que esteja lendo isto se sinta culpado ao pagar por boa comida. Nem por ler sobre gente que paga por boa comida. Gastar demais com carros que consomem gasolina em excesso e com diamantes extraídos de países em conflito, sim. Mas não com orgânicos, de linhagem, sustentáveis, locais, comida de verdade. Agora saia e vá comprar um pouco de queijo.

— Dica —

A MAIORIA DOS VINHOS BRANCOS DEVE SER SERVIDA A CERCA DE 12°C, E O VINHO TINTO, A 19°C. FICAMOS FELIZES EM REFRESCAR MAIS O SEU VINHO BRANCO, OU COLOCAR O TINTO NO *DECANTER* PARA AUMENTAR A TEMPERATURA, MAS, POR FAVOR, NÃO NOS PEÇA PARA COLOCAR SEU VINHO NO MICROONDAS.

POSSO OUVIR VOCÊ

Certo dia, comecei a fazer suposições quanto à vergonha universal na lavanderia Baby Girl's Bubbles & Cleaners. Estava lavando a minha roupa depois de alguém que havia quebrado o puxador da máquina. Ao contrário de lavar as roupas em casa, onde as peças molhadas ficam alegremente largadas na máquina durante horas, antes que comecem a feder, na lavanderia a pessoa torna-se refém, olhando pelo vidro da porta da secadora, enquanto aquele último moletom fica girando, girando. De certa forma responsabilizo uma toalha branca de *plush* pelo trauma que experimentei quando um programa intitulado *I Love You – How Could You Sleep With My Mom?* (Eu te amo – Como você pôde dormir com a minha mãe?) surgiu na tela do televisor que fica no *rack* preso ao teto. Não tenho nenhum mecanismo de defesa quando se trata de televisão, provavelmente por conta dos anos que passei sem ter uma. Torno-me uma escrava da luz azul e, quando finalmente volto a mim, fico ruminando aquilo a que assisti durante dias.

A princípio, fiquei horrorizada por pessoas optarem por revelar sua intimidade a milhões de espectadores que apontavam e riam, em salas de estar e lavanderias ao redor do país. As filhas rejeitadas do programa gritavam, choravam e ameaçavam desistir dos noivados. O público vaiava e aplaudia. Olhei horrorizada e, mais tarde, narrei a cena detalhadamente para André.

– Esse programa realmente a incomodou?

– Chef, nunca vi um negócio desses. Era como...

– Um circo de horrores?

– Exatamente!

Alguns de nós usam hábitos, outros pintam paisagens de praia nas unhas, mas eu acho que todo mundo tem uma história que preferiria não compartilhar. Isso se aplica à lavanderia, a mim, e, principalmente, aos salões de restaurantes.

ÀS 18H, DOIS CASAIS IDOSOS se acomodaram na mesa 21 para comemorar o aniversário de 80 anos dos dois homens. Eles tomaram martínis e Macallan 12 anos na recepção e revezaram as visitas ao banheiro, por períodos misteriosamente longos, o que não pareceu perturbar as esposas. Ao se sentarem, um dos cavalheiros enfia o guardanapo por trás da gravata-borboleta com uma alegria cativante a qualquer um que esteja observando, exceto, talvez, a esposa, que não se importa que ele faça isso em casa, mas esperava que esta noite talvez pudesse colocá-lo sobre o colo, como qualquer pessoa civilizada. Casada há mais de cinqüenta anos, ela está entediada do marido, mesmo antes de acordar, pela manhã. Isso não quer dizer que não o ame. Chega uma época em que a pessoa que você ama já não é mais divertida – exatamente da mesma forma que o rosto refletido no espelho perdeu seu lado intrigante. Ela se vira na direção da mulher ao seu lado, cujo par colocou o guardanapo educadamente no colo – o que faz com que ela o admire mais que o próprio marido neste momento –, pediu seu terceiro uísque e agora volta a atenção à carta de vinhos. As mulheres conversam ao longo de toda a refeição, parando de vez em quando para se certificarem de que os maridos continuam respirando. Durante a sobremesa, os dois homens não estão apenas respirando, mas roncam ruidosamente, com as cabeças perigosamente pendendo na direção das taças de vinho Madeira.

O CAVALHEIRO DA MESA 23 planeja fazer um pedido de casamento e providenciou para que entreguemos um ovo Fabergé ao fim do jantar. Pedidos de casamento são estressantes para todos os envolvidos. Enquanto os amantes aterrorizados contemplam a eternidade da doença, pobreza, morte, ou algo pior, os que estão servindo, igualmente ansiosos, imaginam arruinar o que pode ser o ponto alto da vida dessas duas pessoas, antes da falência, do botox e do caso que o homem terá com a consultora de carreiras.

Nós os acomodamos em um de nossos sofás privativos, com vista para o restaurante e o parque para que, se tudo corresse bem, ficassem aconchegados, juntinhos. Ela parece ligeiramente assustada e eu me pergunto se alguém teria dado uma dica, ou se simplesmente está pressentindo. Limpamos a mesa antes da rodada de queijos, deixando apenas a vela e duas taças de champanhe. O maître chega com uma caixa de madeira (que geralmente usamos para as trufas) sobre uma bandeja de prata e se curva para a moça, com grande cerimônia.

– Oh! – diz ela, colocando a mão sem anéis sobre o coração e olhando para seu futuro marido com olhos inocentes, ao se esticar para pegar o ovo. O maître fecha a caixa de trufas e se afasta da mesa, mantendo-se próximo o suficiente para testemunhar o momento.

É tudo o que podemos fazer para fingir calma quando ela abre o ovo e não há um anel lá dentro. Ela começa a chorar. O noivo fala do valor do ovo (depois de pesquisar no Google, no computador da cozinha, descobrimos que pode variar de US$ 500 a US$ 5,5 milhões), e ela finge estar comovida, mas eu sei que está com o coração partido.

Ele come seu *sorbet* e a sobremesa com muito gosto, enquanto a mulher só remexe a dela com a colher, desanimada. Quando ele finalmente tira o anel do bolso, o prazer dela é mais como um suspiro de alívio. Imagino que ela irá contar às amigas quão perspicaz, elaborado e extravagante foi o pedido. Mas eu me pergunto se ela sempre há de pensar na forma como se sentiu pequena e sozinha ao abrir o ovo e perceber que o futuro marido jamais saberia como entender seu coração. Talvez ela venha a pensar nisso como a primeira vez em que ignorou a verdade.

EMBORA SEU GRUPO esteja incompleto, o cavalheiro de cabelos grisalhos, vestido com um terno de *tweed*, está sentado a uma mesa proeminente. Está bebendo gim com tônica e limão – G&T, como ele e a esposa chamam ao tomarem seus lugares, às 17h em ponto, em sua suíte da Quinta Avenida –, ele na poltrona com o *Wall Street Journal*, ela no sofá de dois lugares com o cachorro. Pela aparência dele, prevejo uma mulher excessivamente loura, de conjunto de saia curta, num tom obsceno.

Ela acaba chegando, assim como eu imaginara, de conjunto salmão, uma bolsa de mão, sapatos combinando, com olhos que parecem estar sempre alarmados e cabelos encrespados. O que eu não podia prever era que ela pediria uma terceira cadeira para seu cão. Isso não é um poodle toy, nem um shih tzu, nem a ressurreição empalhada feita por um taxidermista; é realmente um animal com pinta de cachorro, embora pareça mais o Alf, o E-teimoso. Nosso desafio inicial é manter a compostura, seguida por uma tentativa de graciosidade. Mas, na verdade, é tudo o que podemos fazer para nos defender dos drinques grátis oferecidos pelos outros clientes ao cão, que fingem não ver nada fora do comum quando nos viramos na direção deles e lhes lançamos olhares penetrantes. Ao término da refeição, ela pega seu *gloss* labial, cujo aplicador tem uma esponjinha na extremidade, e começa a procurar o ponto exato de seus lábios inflados, passando o *gloss* de um lado para o outro, enquanto projeta a boca à frente, como se fosse um removedor de neve.

UM MENU DE AVENTURAS 182

O CASAL SENTADO na mesa 8 parece uma representação pictórica da família americana. Ele é corretor da bolsa de valores, de conversa suave, e sai de Greenwich para trabalhar no centro da cidade; a mulher é baixinha e rechonchuda, e posso imaginá-la pendurando roupas no varal, enquanto uma torta esfria na janela. Eles aceitam minha sugestão e optam pelo menu degustação do chef, desfrutando a refeição com grande intimidade. Conforme começamos a conversar, fico sabendo que eles se mudaram recentemente para a região, têm uma bebezinha e essa é a primeira vez que saem para jantar, desde que a neném nasceu. Estão tendo dificuldade para se adaptar ao ritmo de Nova York (mesmo não morando na cidade, apenas ele trabalha lá), depois de ambos terem vivido em Washington D.C. e Denver. Ela sente falta de estar ao ar livre e classifica a si mesma como mais liberal do que seus vizinhos de bairro. O ritmo de Wall Street deixa-o exausto.

Todas as minhas mesas ficam ocupadas com um intervalo de alguns minutos entre uma e outra, o que significa que assim que eu tiver o pedido de pratos e a escolha de vinho de uma mesa logo chegará o da próxima. Por essa razão, só tenho a chance de passar pela mesa 8 algumas vezes durante a refeição, para servir o vinho e discursar sobre um prato ou outro.

Quando a mesa 8 chegar à sobremesa, minhas outras mesas estarão jantando, por isso terei algum tempo para conversar. A sobremesa de hoje é barra de Snickers, uma versão desconstruída do clássico chocolate, com bolo Sacher de chocolate, sorvete de nugá e geléia de amendoim. O cavalheiro dá uma colherada e fecha os olhos em êxtase.

– Isso é melhor do que maconha – diz ele, num tom categórico, para a esposa, que acena com a cabeça concordando.

Já houve ocasiões em que um cliente aparentemente conservador me surpreendeu com alguma fala do filme *Apertem os cintos, o piloto sumiu*, ou dos Simpsons, ou ao fazer uma referência à política de esquerda, mas essa situação me deixa de boca aberta. A garçonete de restaurante fino que existe dentro de mim desconfia de que eu deveria apenas concordar, sorrir e servir um pouquinho mais de água, mas a filha de pais hippies de Vermont fala mais alto. Decido me aventurar cautelosamente no assunto. Não é minha função fazer com que o cliente se sinta à vontade?

– O senhor aprecia?

– Duas ou três vezes por semana – responde ele, olhando para a esposa, cujas bochechas rosadas fazem covinhas, em resposta.

Não sabemos nada sobre as outras pessoas, penso. Esse é o tipo de executivo do qual zombo, na avenida Madison, com seu *Wall Street Journal* embaixo do braço, socializando com outros executivos na churrascaria Smith & Wollensky, acompanhados de seus chefes que fumam charutos. Porém, mal sei eu que ele provavelmente está com uma larica para comer uma costela, depois de ter fumado um baseado, antes de entrar no metrô sentido norte. Fico repleta de uma nova admiração por esse homem e determinada a deixá-lo à vontade pelo fato de ter compartilhado comigo um detalhe tão íntimo.

– Que ótimo! – eu o tranquilizo. – Eu mesma não fumo muito, mas sinto que sempre fez parte de minha cultura. Na minha infância, minha mãe plantava ao lado da entrada da garagem, muitos dos meus amigos fumam regularmente...

Quando digo isso, percebo que o rosto dele fica com uma expressão confusa. Ele olha para a esposa e depois de novo para mim e, por um instante, acho que está apenas surpreso por ter encontrado alguém com algo em comum.

– Eu me referi à torta.

ÀS VEZES, AS DROGAS são a única explicação. Como na Páscoa, quando um casal entrou, tentando equilibrar ovos na cabeça. Eles estão hospedados no hotel Mandarin, acima, no mesmo edifício, para onde são encaminhados a fim de trocar os jeans brancos por um traje mais formal. Aparentemente, acabaram de chegar de Miami em seu jato particular. Estão na cidade para comprar hotéis e esperam encontrar o corretor enquanto comem. Será que nos importaríamos se um convidado se juntasse a eles à mesa? O pobre homem acaba sendo deixado sozinho na mesa 6, no intervalo entre cada prato, calmamente bebericando seu uísque, enquanto eles vão cheirar no banheiro.

O HOMEM DA MESA 2 parece um cruzamento entre Frederick Douglas e James Brown. Fico empolgada em atender alguém que não seja branco, nem banqueiro, nem turista, nem um filantropo malempregado. Ele avisa que vai beber cuba-libre a noite toda e eu reconheço a entonação familiar em suas palavras. Quando pergunto que tipo de rum ele prefere, faço isso apenas para confirmar minha suspeita e me sinto vitoriosa quando ele responde que prefere Barbancourt. Olho para trás e lanço um olhar triunfante para André, que está esperando que eu saia do caminho para que ele possa se aproximar da mesa e falar sobre o vinho. Venho fazendo lobby para o Barbancourt desde que abrimos, em parte porque é o melhor rum do planeta, em parte porque morei no Haiti quando criança e quero fazer tudo o que puder para apoiar o país e sua economia capenga.

– *Ki gen ou vle? Cinqe etoile ou trois?* – Claro que minha pergunta sobre o tipo de Barbancourt que ele bebe é só para despistar, pois não temos nenhum, mas ele fica perplexo demais para notar, depois de descobrir uma branca que fale crioulo num restaurante em que a conta de uma mesa para quatro fica pouco abaixo da renda anual *per capita* de seus compatriotas.

Tanto seus três companheiros de refeição quanto as minhas três outras mesas amargam a falta de atenção pelo resto da noite, pois nós aproveitamos cada oportunidade para discutir desde política haitiana até fornecedores de cabras. Depois que faz o pedido, ele me chama para pedir pimenta. Recordamos uma pimenta forte em conserva que os haitianos servem com bananas fritas.

A cozinha do Per Se pode se ajustar a qualquer tipo de alergia, faz pão sem glúten, corre até a delicatéssen da esquina para comprar Red Bull, se solicitado, e prepara uma sopinha de frango para um convidado que esteja espirrando e não consiga saborear sua refeição. Mas quando vou até J.B. e peço para servirem pimenta na mesa 2, ele não fica contente. Por sorte, um dos sous-chefs viu que chegou um pouco de pimenta Scotch Bonnet pela manhã e se ofereceu para ir pegar um pouco. Quando vejo, um cumim vem da cozinha com uma variedade de pimentas, arrumadas em tigelas de cerâmica, numa bandeja de prata. Tem molho *sriracha*, que guardamos para as refeições em família no dia da comida mexicana, e uma seleção de pimentas picadas. O maître se aproxima para ver o que está acontecendo; o cumim que apresentara a bandeja fica para observar a resposta. André, meu cumim e eu também permanecemos por perto. Conforme o haitiano pega a *sriracha* e vira em cima do caviar sevruga russo e das Ostras e Pérolas, tenho de desviar o olhar.

Quando volto à cozinha para pedir o segundo serviço, o chef parece intrigado.

– Mas ele só comeu um prato. – Depois dá um suspiro. – Não me diga que ele *colocou* molho de pimenta nas Ostras e Pérolas.

A primeira coisa que você aprende como garçom é quando dar o fora da cozinha.

PODE SER UMA surpresa para você saber que o Per Se tem clientes habituais, como qualquer restaurante. Alguns passam pelo sistema de reservas, aguardando sessenta dias; alguns gastam 20 mil dólares em sua primeira visita e entram na fila, para voltar futuramente. Fui assistir a um dos meus clientes favoritos em sua apresentação do

Quebra Nozes, no Lincoln Center, com outro marquei um almoço, e com alguns eu me correspondia via e-mail. Embora eu possa contar uma história a respeito de cada um desses clientes, vou respeitar o anonimato – exceto em um caso. Sinto-me à vontade ao contar sua história, porque ela não é apenas uma das pessoas mais fascinantes que já conheci, mas porque não dará a mínima por saber que estão falando dela. Na verdade, acho que ela sabe que esse é o caso.

"Eve" tem 20 e poucos anos e alega já ter sido noiva 19 vezes. Ela janta com freqüência com o parceiro (não perguntei se ele era o número 19, um futuro número 20 ou se ainda permanecia sem número), um inglês com a aparência despretensiosa de um vigário saído de um romance de Anthony Trollope.* Com a mesma regularidade, ela entretém amigos, cavalheiros espirituosos e solteiros, ou janta sozinha. Eve é uma das poucas clientes que já almoçou e jantou no Per Se no mesmo dia. Ela é bem miudinha, com uma pele de porcelana e olhos castanhos que combinam com seu cabelo longo, que costuma usar preso para trás. Sempre tem uma maneira curiosa de se vestir – com chapéus esculturais, tecidos transparentes ou pantalonas estilo sarongue. Quando o maître avisa que ela vai jantar no restaurante, alguém resmunga a "máxima": nada de pimenta, nada de erva-doce, nada de sutiã.

Se seu acompanhante parece ter saído de um romance de Trollope, Eve parece ter saído de um de Fitzgerald. Ela sempre aparenta ter acabado de regressar de algum paradeiro misterioso, onde esteve "descansando" após um período de "exaustão". Uma vez, ela se referiu vagamente a uma cirurgia. Noutra, disse estar "necessitando de um cochilo" e pediu que um quarto fosse reservado para ela no Mandarin ou no Essex House.

---

* Anthony Trollope (1815-1882), romancista inglês da era vitoriana. (N. da E.)

Esteja doente, em recuperação ou exausta, Eve tem sempre uma história que fará corar o mais experiente de nós. De 69 histórias, 68 envolverão algum tipo de comportamento sórdido.

Um dia, Eve estava almoçando com dois rapazes. Eles foram os últimos a sair do salão e eu estava sozinha, mantendo a guarda, enquanto o restante da equipe desfrutava da refeição familiar de peixe com batatas fritas, que eu recordo ter sido um presente de despedida de um cozinheiro inglês, em seu último dia. Fiquei junto à porta, esperando com caixas de chocolate, tentando incentivá-los a partir para que pudéssemos arrumar a mesa antes da chegada do primeiro cliente para o jantar. Na saída, Eve colocou uma das mãos em meu braço e se aproximou.

– Meu amigo acaba de me contar a coisa mais incrível. Não fique chocada.

Eu me preparei.

– Aparentemente, a nova moda é defecar numa camisinha, congelar e usar como um consolo!

E com essa frase lá se vai ela, me deixando com a mão espalmada sobre a boca e os olhos arregalados. Quando tive certeza de que ela partira, saí correndo até o aparador do sommelier. André estava em pé com o restante da equipe de vinhos, com os dedos engordurados e molho tártaro no canto da boca.

– Ouça esta – comecei a contar.

AFASTAMOS UMA DAS CADEIRAS da mesa 2 para abrir espaço para a cadeira de rodas. Um homem baixo, aparentando 70 anos, empurra a cadeira de rodas de uma mulher com idade semelhante, aproximando-a o máximo possível da mesa. Ele ajeita as pernas dela, ergue-a um pouquinho e coloca um guardanapo cobrindo seu colo. Depois de deixá-la à vontade, puxa sua própria cadeira junto a ela, afastando-se da vista da janela e do parque, na luz do começo da noite. Quando me aproximo com os menus, olho para ele no intuito de obter instruções, mas a mulher me diz exatamente como quer que eu segure o menu para que ela possa ler.

– Coelho! – exclama ela quando localiza o menu degustação do chef. – Eu adoro coelho!

Fico inibida quando estou perto de deficientes. Sinto-me constrangida, por exemplo, com alguém que lê lábios. Será que devo parar e esperar pelo contato visual direto, ou isso seria insultante? Se possível, nem ajudo um deficiente visual na rua – não por falta de consideração, mas porque tenho certeza de que há uma forma correta de fazê-lo e eu não sei qual é. Até um olhar pensativo me deixa nervosa.

Essa é única razão pela qual, quando o maître repassa as reservas da noite, me vejo impaciente. Pedidos de casamento e alergias causam certa ansiedade pelas implicações desastrosas. Celebridades e imprensa me deixam tensa. Até crianças me levam a repensar meu serviço, enquanto tento aparentar levar jeito com elas sem tratá-las de maneira infantil ou me mostrar excessivamente animada. O aviso antecipado de uma cadeira de rodas me deixa muito nervosa. É claro que esqueço que esses clientes passam a vida inteira lidando com gente como eu e estão preparados para me dizer exatamente o que fazer.

Ela pede o coelho e ele escolhe o menu de cinco pratos. Não pedem vinho, mas, mesmo assim, André permanece em minha seção. Juntos, assistimos ao marido cuidadosamente dar a ela, na boca, cada um dos pratos do menu degustação.

– Isso é que é amar alguém – diz André, baixinho.

O CLIENTE MEDIANO passa cerca de três horas no Per Se, tempo em que se permite um pouquinho mais do que o habitual: carboidratos, calorias e, certamente, mais coquetéis. Isso explica o fato de que mais gente vomita no salão do Per Se do que num bar freqüentado por universitários. Uma vez, uma mulher do piso superior se debruçou na galeria e, enquanto cambaleava descendo as escadas, vomitou numa mesa abaixo. Mas é um teste à resistência de alguns chegar até o banheiro, se limpar e continuar sua refeição.

A MULHER DA MESA 6 ainda está ali. Seu convidado até já pagou a conta e foi embora. Imaginando que ela também irá, resolvo polir algumas bandejas e esperar. Dez minutos depois, quando espio do canto da minha seção, ela está esticando o pescoço, olhando para o salão. Receio saber o que ela deseja.

Na primeira noite em que a atendi, ela me informou que o garçom que cuidou dela em sua visita anterior havia sido pretensioso e, até agora, gostara mais de mim. Emocionante, pensei. A cada uma de suas visitas posteriores, ela ligava antes para solicitar que eu a atendesse, e logo percebi suas particularidades. Ela preferia beber nas taças mais caras, gostava mais dos nossos queijos fortes, porém, acima de tudo, gostava de ser tratada como uma diva absoluta.

– Ela é excelente – dizia a seus convidados, apontando em minha direção, como se estivesse recomendando uma especialidade da casa. Seus convidados me olhavam de forma cética, esperando que eu fosse realmente excelente.

Uma vez, o maître ignorou seu pedido e a colocou em uma mesa do piso superior quando eu estava trabalhando no piso inferior. Quando exigiu que trocassem sua mesa, ele mentiu e disse a ela que eu estava ocupadíssima e as outras mesas haviam solicitado o meu atendimento antes. A equipe riu muito dessa.

– Vejo que terei de ser bem clara da próxima vez que fizer uma reserva – disse ela, bufando. Todas as vezes que eu olhava para cima, ela estava me observando.

Naquela noite, ela parecia ter a intenção de querer saber o máximo que pudesse sobre a minha vida.

– Você nunca mais teve tempo para conversar – resmungou ela, quando tentei me afastar. Relutante, respondi a algumas perguntas sobre minha vida, meu bairro, meus possíveis planos para o futuro, meus planos mais imediatos para um lanche após o trabalho. Ela estava fascinada. Embora eu concordasse que hambúrgueres e cervejas no Corner Bistro fossem exatamente o que eu precisava depois de dez horas mimando os outros, isso estava longe de ser fascinante.

– Não, você não entende – disse ela, num tom trágico. – Você é livre. – Eu quase esperei que ela levasse a mão magra, de pele clara, à cabeça e suspirasse, enquanto detalhava sua prisão particular, as horas na empresa, as contas, os clientes monótonos para o jantar. Ela certamente fazia aquilo soar desanimador, mas quão ruim poderia ser uma vida que envolve pratos extras de queijo e taças feitas à mão?

Agora ela está sentada, com uma das mãos protegendo a taça do tamanho de um aquário e a outra tamborilando os dedos impacientemente. Chega, pensei, meu dia é longo demais para fazer esse jogo. Depois de seu menu degustação, ela já estava ali havia quatro horas e eu me sentia totalmente livre para ir embora.

Caminho confiantemente até sua mesa e informo minha decisão, apontando o garçom que irá atendê-la, caso precise de mais alguma coisa. Ele acena e ela lança um olhar de desgosto.

– Mas pensei que fôssemos sair para comer hambúrgueres. – Seu resmungo e o beicinho são uma combinação perfeita.

DEPOIS DE PASSAR ao menos uma noite com esses personagens fascinantes, me cansei de falar a respeito de quais celebridades eu encontrava. Todas elas, eu respondia, antes de mudar de assunto. Mas a verdade era que eu conhecia uma boa quantidade de gente rica e famosa e notei alguns padrões.

* **Em termos gerais,** as celebridades parecem ter um crânio grande – cabeções, literalmente. Aposto que, se fizéssemos uma média, constataríamos que as cabeças das celebridades são maiores do que as do restante de nós. O fato de seus corpos tenderem a ser menores pode ser discutido, mas mesmo os maiores têm cabeças grandes. Eu me pergunto se seria algo relacionado à sobrevivência em razão da forma física – como presidentes altos e mulheres com seios grandes.

* **Celebridades costumam ser** as últimas a chegar num grupo. Talvez essa seja outra tática de sobrevivência, como um dia foram os experimentadores de comida para a realeza. Ou talvez o fato de estar atrasado e na moda realmente leve a algum lugar na vida.

* **Celebridades adoram ser** alérgicas às coisas. Ou isso, ou estão tão entediadas de boa comida que precisam apimentar as coisas, pedindo um menu degustação só de cogumelos (um famoso apresentador de noticiário), ou sendo alérgico a qualquer um dos seguintes itens: castanhas, peixe com escamas, peixe sem escamas, crustáceos, todos os peixes, trigo, laticínios, açúcar, chocolate, gema, ovos de pata, cebola, alho, abacaxi, manga, pimenta, erva-doce e por aí vai. Para um garçom, fica difícil saber o que levar a sério. Será que ela realmente terá um choque anafilático se comer brotos de feijão ou algum tempero indiano? Será que ela irá desmaiar por causa de um pouquinho de manteiga em seu molho? Obviamente, a cozinha encara as alergias com muita seriedade, mas se uma vegetariana declarada acaba de pedir foie gras, um pouquinho de caldo de galinha não irá matá-la.

Já mencionei a lista dos bichinhos fofinhos antes: vitela, coelho, cervo e cordeiro tendem a provocar lábios trêmulos.

– Não posso comer o Tambor* – dizem, com olhos de filhotinho abandonado –, nem o Bambi.

E quanto ao Patolino? Eu sempre quis perguntar. E quanto à Bessie, a vaca, e o Sammy, o salmão? Bernard, o broto de couve-de-bruxelas, é tão fofinho!

* **Celebridades não são** tão atraentes pessoalmente. Mas em geral têm o melhor cabelo, pele e sapatos do lugar.

* **Celebridades adoram** se referir a outras celebridades, mas só pelo primeiro nome – só para que você fique tentando adivinhar. Que Bobby poderia ser? De Niro? Duval? Redford? Reiner? Billy Bob?

* **Se há várias celebridades** no mesmo ambiente, as regras afirmam que elas têm de se levantar e falar umas com as outras. Apertam as mãos umas das outras de um jeito que só elas sabem fazer e trocam algumas palavras em código. (Isso é feito de forma quase imperceptível, motivo pelo qual você provavelmente nunca notou.) Se são atores, ambos irão se levantar e se cumprimentar no centro do salão do restaurante. No caso de políticos, aquele que planeja fazer lobby, subornar, ou difamar o outro é quem toma a atitude. Se são comediantes ou músicos, qualquer alternativa mencionada anteriormente pode ocorrer, mas apenas quando estiverem encostados em algo no meio da passagem ou posicionarem um dos braços de forma a tornar impossível que um prato ou uma garrafa passe entre eles. Os bailarinos têm de dar dois beijinhos; qualquer um da imprensa precisa dizer o nome da outra pessoa ao menos duas vezes durante o breve encontro; e as socialites e os milionários tra-

---

* Referência ao coelho Tambor, personagem do filme *Bambi*, de 1942. (N. da E.)

dicionais têm permissão para pular todos os agrados até estar a caminho da saída, quando seguirão um roteiro e dirão: "Oh, olá (inserem aqui o primeiro nome, sobrenome, cargo, 'querido', ou 'cara')! Eu *nem* o vi!" Mas um elogio complementar é sempre exigido: "Mas isso parece estar uma delícia!" "Esse vestido é fabuloso!" "Ótimo jogo na semana passada!" etc.

PODEMOS NÃO TER jantado juntos no Per Se e certamente não éramos celebridades, mas André e eu tínhamos algo em comum relacionado à vergonha universal. Não precisávamos de um programa diurno de entrevistas para revelar a frágil intimidade de nossas almas, embora pudéssemos ter tido essa chance, se fôssemos inclinados a isso, em razão de nosso triângulo amoroso, de enganar um ao outro e nossa tendência ao drama.

Chegara o Ano-Novo e íamos tirar nossas primeiras férias. O restaurante fecharia por uma semana e, meses antes, a maioria de nossos colegas havia comprado passagens aéreas para lugares como Tailândia, Itália e Suécia. Até que André e eu tivéssemos a chance de planejar nossa viagem, os preços já estavam nas alturas. Por sorte, um amigo nos ofereceu uma casa de praia em Porto Rico, e nós encontramos passagens baratas na JetBlue. Na verdade, não importava para onde fôssemos; só precisávamos de uma folga.

O outro grande acontecimento era que Leigh decidira deixar Nova York. Imagino que morar num conjugado com o ex, numa cidade que se odeia, trabalhando num lugar sem inspiração e ganhando mal se traduza numa existência infeliz. Quando voltássemos das férias, ela já teria ido embora. Tive dificuldades em esconder de André meu alívio.

Não fizemos praticamente nada em Porto Rico. Comíamos mamão papaia e tomávamos café forte, de manhã. Durante o dia, sentávamos na praia e fazíamos longas caminhadas, sem destino.

Durante as noites, após o jantar, bebíamos vinho espanhol e ficávamos deitados na rede. Foi perfeito.

– À sobrevivência de um ano – disse eu, erguendo minha taça.

– Beberei a isso – respondeu André.

Fiquei deitada na rede, enquanto André sentou-se próximo à mesa, no quintal, fumando um cigarro. Fui má influência. Eu fumava um cigarro solitário por dia, em geral após o trabalho, em minha janela, no Brooklyn. E agora, André, o não-fumante, detonava um maço inteiro e, aparentemente, estava adorando a experiência.

– Chef – comecei, interrompendo seu devaneio.

– Hã?

– Eu tenho lido os seus e-mails.

A confissão espontânea me pegou de surpresa e logo entrei em pânico. Agora ele vai apagar o cigarro em silêncio, entrar no quarto e fazer as malas, pensei. Ou talvez chute a mesa, ou me derrube da rede no chão de concreto. Nunca o vira zangado, embora ele tivesse mencionado seu temperamento. Por isso ele andava com elásticos no punho. Melhor puxar um deles antes de explodir, era sua teoria. Mas não encontrei nada dessa raiva imaginada. Em vez disso, ele olhou diretamente para mim e sorriu.

– Eu sei.

Coloquei um dos dedos do pé no concreto frio e dei um impulso para voltar a balançar a rede.

– Faz meses que você vem lendo.

Eu me balançava no ar, esperando que ele continuasse.

– No início, fiquei zangado – explicou ele, pegando outro cigarro. – Depois, pensei a respeito. Todas as minhas namoradas se transformaram em ciumentas psicóticas. Deve ser algo que estou fazendo.

Ficamos em silêncio, por um tempo.

– Então, quem é ela?

– Quem é quem?

– Você sabe de quem estamos falando.

Foi a van da mãe dela que dirigimos até Vermont. Foi ela que apareceu no restaurante, com aquelas botas pretas de cano alto. Ela provavelmente também devia usar calças de couro.

– Houve mais alguém? – Imaginei que seria melhor esclarecer logo essa questão.

– Algumas, mas nada sério.

Bem, ao menos, eu não precisava mais me sentir culpada quanto a Leigh. Mas saber que ele estava saindo com a metade de Manhattan me fez pensar, não com pouca ansiedade, na fria em que eu estava me metendo.

– Depois a poeira baixou, chef – continuou ele –, e só sobrou você.

Antes de me recompor, levei um instante focalizando a imagem de mim mesma, provavelmente nada linda de calças de couro, com um revólver girando em cada dedo indicador.

– Então, por que não deu certo?

– Queríamos coisas diferentes.

– Me conte.

– Está certo. Ela me disse, em nosso primeiro encontro, que queria casar e ter filhos.

– Com você?

– Não, comigo, não. Cristo! – Ele sentiu meu pânico aumentando e desviou o assunto para termos mais gerais. – Esse é o problema das mulheres nova-iorquinas. Elas dizem logo o que querem, assim de cara.

– É mesmo? Eu fiz isso?

– Posso dizer que sim.

EM ALGUM PONTO daquela conversa, a vida ficou muito quieta. Eu havia parado de narrar. Quando olhei para André, vi o homem sentado à minha frente, não os seus e-mails, seus desaparecimentos, as amigas que ele manteve para si ou as ligações que atendeu em outra sala. Esta era a minha prova: André, em San Juan, fumando um cigarro, sentado de frente para ninguém mais além de mim. E a pequena voz dentro de minha cabeça sussurrava para que eu fosse paciente.

– Você está pronta para isso? – perguntou ele.

– Certamente – respondi, sem hesitação.

– Sou uma pessoa difícil de se amar.

Fiquei pensando no seu comentário por um instante, refletindo sobre o que ele queria dizer com aquilo.

– Posso lidar com algo difícil – respondi. – Mas não com infidelidade.

– Fechado.

— Dica —

SE VOCÊ QUER MODIFICAR A MAIORIA DOS COMPONENTES DE UM PRATO, TALVEZ SEJA MELHOR PENSAR EM OUTRA COISA.

AMOR URBANO

Depois que aterrissamos em Nova York, André e eu voltamos aos nossos apartamentos para deixar nossas coisas, mas programamos um encontro para mais tarde. Cheguei ao restaurante antes dele, como sempre. Após alguns minutos, eu o vi do lado de fora da porta, falando ao celular.

– Era minha mãe – explicou ele, ao entrar, sentando-se numa banqueta. – Disse a ela que ia encontrar você e ela disse: "Uma semana não foi o suficiente?"

A mãe do André parecia alguém que eu preferia ter do meu lado, se possível. Esse não seria o caso se ela e Leigh fossem próximas, como eu desconfiava. Depois de entreouvir uma conversa entre André e a mãe, comecei a pensar se ele chegara a lhe contar algo. Nossa casinha de praia em Porto Rico era tão gloriosamente silenciosa que, quando ela ligou, numa manhã, pude ouvir a conversa do outro lado da sala.

– O que você está fazendo aí? – perguntou ela. Ele respondeu que nós estávamos passando bastante tempo na lanchonete do outro lado da rua, comendo salada de polvo, e na noite anterior havíamos jantado num lugar na praia, e planejávamos caminhar até a antiga San Juan.

Ao nos sentarmos no bar e brindarmos nosso regresso à cidade, pensei em quanto nossa vida mudaria agora que seríamos apenas nós dois. Será que ele me apresentaria à mãe? Será que eu ia conhecer alguns de seus amigos do mercado de vinhos? Depois de estarmos juntos há sete meses, parecia que estávamos apenas começando.

Talvez por estar tão empolgada com esse novo começo, eu detestava ter de retomar os longos turnos no restaurante. Havia ficado mal-acostumada, por causa da semana sem compromissos na praia, indo deitar cedo e acordando tarde, sem interrupções com reuniões, e-mails e ligações de reservas, ou pedidos de compras. Por sorte, tivemos alguns dias para a readaptação, enquanto o restaurante passava por uma reorganização para abrir no novo ano. Os talheres deviam ser desembrulhados, os copos precisavam ser polidos e colocados em suas fileiras impecáveis, as cadeiras, que haviam sido lavadas a seco, tinham de ser levadas de volta ao salão de jantar, e os tapetes e sofás da recepção precisavam ser realinhados no chão de bronze recém-polido.

Ao fim de um desses dias, André me convidou para ir ao seu apartamento pela primeira vez. A cerca de uma quadra de distância de sua casa, me espantei ao perceber que realmente não fazia a menor idéia de como era sua vida. Nunca vira a cortina de seu chuveiro, nem bisbilhotara sua geladeira. Será que ele era do tipo que dobra os agasalhos e os organiza conforme as cores, ou os empilha no armário com o restante das roupas? Conforme caminhávamos pelo quarteirão arborizado, passando pelos prédios de tijolinhos e carros com preços de seis dígitos, passei a prestar muita atenção. Ele parou em frente a um prédio, a alguns passos do Central Park. Belo endereço, pensei comigo.

– Seu prédio tem toldo? – Ninguém que eu conhecesse tinha um toldo, ao menos ninguém com quem eu passasse muito tempo. – E porteiro à noite.

Eu adorava meu cantinho em Williamsburg, mas minha rua encardida e industrial era bem diferente da região de Central Park West. Tudo o que eu via pela janela eram galpões e os braços gordos de uma mulher que passava o dia sentada junto à janela, de vez em quando se debruçando para cuspir. André, por outro lado, morava numa região de cães com *pedigree* e carrinhos de bebê ultra-sofisticados. Ele provavelmente podia ver o Sheep Meadow, no Central Park, de sua janela, ou até o rio Hudson. Fiquei observando conforme ele entrou pela portaria espelhada do prédio e apertou o botão, chamando o elevador. Não acendeu. Assim que a vida de André parecia ser, pensei comigo mesma. Alguém virá consertar esse botão, sem que ele precise ligar ou segurar o pagamento do aluguel. Esses são os vizinhos de André, pensei, enquanto examinava os rostos no elevador. Provavelmente trabalham para empresas e passam o dia fazendo fusões e aquisições e consolidando empreendimentos. Meus vizinhos usavam a palavra *freelance* como verbo. Quando chegamos ao quarto andar, segui André pelo corredor e o observei colocando a chave na fechadura do apartamento 402. Ele abriu e pediu que eu entrasse.

Era literalmente o apartamento mais "aconchegante" que eu vira em meus oito anos em Nova York. Era do tamanho do dormitório de minha faculdade – e lá havia um beliche, por conta da necessidade. Mal havia espaço para caminhar entre a moldura larga de madeira do futon bege e as torres de livros empilhados junto à parede oposta. Nada no chão, nada nas paredes. Na verdade, a única coisa que se aproximava de uma decoração era um cabide de gravatas com uma porção delas, formando um arco-íris. Sua cozinha, que ficava a aproximadamente três passos da beirada da cama, tinha pouco mais que uma panela, uma frigideira e uma lata fechada de farinha de rosca. Mas o sommelier quatro-estrelas tinha Cava gelado no frigobar e duas taças Riedel de champanhe de altíssima qualidade.

– Ao novo ano – disse André, erguendo sua taça.

– E por termos sobrevivido ao último – respondi, ao tilintarmos nossas taças.

Sentei-me no futon de pernas cruzadas, para deixar espaço, admirada pelo tempo que desperdiçara me preocupando com a aparência de minha própria vida. Quando André ia ao meu apartamento, eu sempre ficava pensando se ele notava meu carpete sem ter sido aspirado, minhas prateleiras transbordando de livros e minha geladeira cheia de condimentos e nada mais. Mas, pelo menos, eu tinha um aspirador, algumas estantes de livros e uma geladeira de tamanho normal. André colocou uma fita na televisão/vídeo do tamanho de uma torradeira. Parecia ser um jogo de futebol europeu e, pelos calções curtos, achei que seria algo que datasse de 1983. Enquanto assistíamos, olhei o restante do apartamento, ou seja, o banheiro. Havia um vaso sanitário verde-ervilha, uma banheira verde-ervilha, azulejos verde-ervilha e uma cortina transparente com mofo verde-sálvia.

– Você detesta isso, não é? – André perguntou, referindo-se ao jogo.

– Não, eu realmente adoro Cava.

– Está bem – disse ele, desligando a televisão. – Vamos até o restaurante-lanchonete.

O apartamento dele tinha a localização ideal: numa direção, o parque, e na outra, um restaurante-lanchonete aberto 24 horas. Infelizmente, eu tinha minhas dúvidas quanto ao estabelecimento. Em minha opinião, um lugar como esse devia passar por três testes. Primeiro, devia ter mais reservados do que mesas comuns. Segundo, o cheeseburger deve ser respeitável; eu não devo ter de especificar que é no pão de centeio, nem escolher um queijo. Mais importante, um milk-shake de chocolate precisa ser feito com sorvete de chocolate – não de baunilha, com calda de chocolate –, e o restante do milk-shake que fica dentro do copo de alumínio do liquidificador, no qual foi feito, deve ser servido ao cliente. Aprendi quando criança que quando o restaurante é mesquinho com aquela sobra de milk-shake, ele não merece confiança. Quando eu ainda era garota, os restaurantes do tipo lanchonete eram um local de adoração, talvez porque o hambúrguer (mais tarde substituído pelo cheeseburger com queijo derretido), as batatas fritas e o milk-shake de chocolate que meus pais me permitiam comer eram o alimento mais delicioso para uma criança que cresceu comendo coelhos criados no quintal, batatas da própria horta e biscoitos de alfarroba.

A juíza que vos fala deu nota 3 ao restaurante 24 horas de André. Eu o penalizei por oferecer poucos reservados, seu cheeseburger (vergonhosamente feito com pão branco) e seu milk-shake mirrado e anêmico, no qual nem dava para manter um canudo em pé. Ainda assim, como o microconjugado de André e nosso começo turbulento, eu estava determinada a fazer dar certo.

O SERVIÇO NO PER SE acabou voltando com intensidade. André e eu voltamos a nos esconder, retomando nossa rotina de diálogos relativos a restaurantes com subtextos sussurrados. Muitas vezes, no fim da noite, André se aproximava e perguntava: "Tinto, branco ou espumante?"

Minha escolha de vinhos determinaria nosso lanche de fim de noite. O tinto poderia representar uma degustação de cachorro-quente feito em casa. O branco seco poderia inspirar um queijinho. André gostava de harmonizar espumante com arroz frito com dez ingredientes que pedíamos em domicílio.

Minha vida, que no último ano girara em torno do meu trabalho, começou a se desenrolar antes e depois do Per Se. Isso pode ter sido por conta de uma nova calmaria no restaurante. Com a temporada de críticas já distante, a equipe se adaptou a um novo ritmo. Meu relacionamento com as cumins começava a quebrar o gelo e eu parecia ter entendido finalmente como me comunicar com os chefs.

Teoricamente, agora podia relaxar e exercer a função que eu trabalhara tão duro para aprender.

Um dia, quando era minha vez de chegar cedo e passar as toalhas, resolvi levar meu iPod para ajudar a passar o tempo. Desconfiava de que isso fosse contra as regras, já que nunca vira ninguém de fones de ouvido no restaurante, exceto André. Sua cabecinha careca balançando em frente à tela de seu computador era um acessório no escritório. Optando por não consultar o informativo de duas páginas sobre como passar a ferro, coloquei o fone de ouvido e Johnny Cash para tocar, depois puxei uma cadeira. Sua fala arrastada pareceu deslocada no salão engomado e imóvel. E, subitamente, eu também. Minha camisa parecia rija, minha gravata estava apertada demais. As meias listradas escondidas embaixo de minhas calças e a pulseira de prata por dentro de minha abotoadura já não eram o bastante. Eu queria um cabelo vermelho bem forte e os braços lotados de pulseiras de prata, que André dizia ser minha "música corporal". Queria xingar e falar sobre política livremente, comer o cachorro-quente do Gray's Papaya no meio da rua e batatas fritas de lanchonete num sofazinho, e sumir por uns dias, sem dizer nada a ninguém. Quando comecei a passar as toalhas das mesas da janela, olhei invejosa para as pessoas que liam o jornal junto ao chafariz. Pessoas que faziam compras acenavam chamando táxis. Do outro lado da praça, o caminhão de sorvete era sedutor – piedosamente visto através do vidro que nos separava.

A qualquer minuto, os outros garçons e cumins começariam a chegar, carregando pilhas de pratos brancos e bandejas com talheres. Eu colocaria meu fone de ouvido no bolso de minha jaqueta e sairia em busca das flores que mantínhamos durante a noite na adega climatizada. Depois da refeição familiar, nos encontraríamos ao redor da lareira para a reunião, como fazíamos antes de cada turno. O chef de expedição repassaria os três menus, descrevendo ingredientes e técnicas menos conhecidos. Depois disso, era esperado que fizéssemos perguntas. Inevitavelmente, alguém levantaria algo obscuro somente para ter o que perguntar. Havia um garçom que parecia se divertir manipulando os chefs, de modo sutil, um contra o outro. Quando trabalhava num turno duplo, ele com freqüência fazia uma pergunta no almoço – por exemplo, sobre a base de determinado molho –, depois perguntava a mesma coisa no jantar. Se os dois chefs respondessem de forma diferente, ele levantava a mão novamente.

– Só estou perguntando – diria ele, preocupado – porque no almoço nos foi dito que era feito com caldo de vitela.

Não conseguia entender o que ele ganhava com isso, exceto talvez uma ligeira sensação equivocada de autoridade e a chance de ver um chef se contorcer.

Havia outro sujeito que fazia grandes performances nas reuniões. Craig era o mais meigo e dedicado dos cumins e fazia tudo por suas mesas. Ele faria chá se alguém estivesse gripado, vasculharia a câmara em que os chocolates eram guardados em busca de uma trufa de manteiga de amendoim se alguém estivesse com desejo de comê-la, ou correria até o maître procurando óculos sobressalentes ou uma echarpe. Os clientes o adoravam. Por outro lado, os chefs achavam-no irritante, pois suas perguntas quase sempre eram feitas na hora errada. O restante adorava seus comentários, como seu apartamento estar parecendo "a moradia de um sem-teto", ou a mesa que o fazia correr a noite inteira porque "bebia água como se fosse vodca". Um dia, estávamos servindo vísceras como primeira opção de carne. A maior parte da equipe sabia que isso era bucho, mas lá veio a mão erguida, na primeira fila.

– Diga, chef – perguntou Craig –, que espécie de peixe é exatamente uma dobradinha?

J.B. explodiu e depois discorreu num longo sermão sobre produtos e profissionalismo. O pobre do Craig nunca conseguiu superar aquilo.

Os chefs têm seus próprios truques e personalidades nas reuniões. Corey corria tanto com o menu que nas manhãs de fim de semana a equipe sonolenta mal conseguia acompanhar. J.B. indicava o tamanho dos ingredientes menores colocando a ponta de seu polegar na parte carnuda de seu dedo anular ou mindinho. Para uma batatinha, por exemplo, ele colocava o polegar logo acima da junta. Quando um prato tinha algo "picante", ele abanava a boca, como se estivesse simulando um grito de guerra indígena. Quando Corey se mudou para Napa para se tornar o chef de cozinha do French Laundry, ele foi substituído por um chef que adorávamos, o Chris L'Hommedieu. A abordagem de Chris era mais relaxada do que qualquer outro chef. Quando os gerentes faziam pressão para que ele nos argüisse sobre o menu, ele escolhia perguntas que, num jogo de trívia, facilmente valeriam US$ 200.

A equipe de vinhos seguia o chef com uma lista de itens que estavam faltando. Às vezes, eles sugeriam um vinho para cada prato, às vezes chamavam os garçons no intuito de fazer sugestões para uma harmonização. Certos garçons eram melhores nisso do que outros. Eu, como se pode imaginar, não era uma das melhores.

Se André conduzisse a reunião, ele pegava leve comigo, pedindo que eu fizesse uma harmonização com alguns dos pratos que já víramos milhares de vezes, como Ostras e Pérolas, ou o *torchon* de foie gras. Às vezes, ele me perguntava sobre o vinho que havíamos experimentado na noite anterior. Ele muitas vezes acrescentava umas piadinhas, comentando como fora difícil sair da cama naquela manhã, perguntando quem havia ligado o aquecedor naquela noite (eu liguei, ele não), perguntando se alguém teria visto o filme a que acabáramos de assistir. Quando os gerentes começavam a aparentar irritação, ele sutilmente passava a um assunto relacionado a vinhos. Quando era a nossa vez de fazer as perguntas, eu tentava pegá-lo também.

Houve uma época em que essas reuniões me aterrorizavam e eu tinha de fingir interesse em meus sapatos medonhos, na esperança de não ser chamada. Agora eu estava quieta por um motivo bem diferente. Eu já dera boas-vindas ao pernil de cordeiro à primavera no começo de duas primaveras. Depois de dois verões, o pudim de milho verde se tornara um velho amigo. Duas vezes, os tomates vieram e partiram, assim como os alhos selvagens, os brotos de samambaia e os aspargos selvagens. Eu não conhecia apenas as biografias, a filosofia e as excentricidades de nossos principais fornecedores, mas conheci e atendi vários deles.

Começando naquela tarde, enquanto passava as toalhas, passei a brincar com a idéia de deixar o Per Se. Adorava trabalhar como garçonete, mas certamente não gostaria de estar fazendo isso aos 50 anos, nem se um dia eu resolvesse ter uma família, a menos que pudesse colocar meu bebê pendurado num canguru em minhas costas ou alimentar meus filhos numa das mesas. Havia boatos sobre grandes inaugurações de restaurantes na cidade e pensei em dar uma circulada, trabalhando durante os seis primeiros meses numa série de restaurantes, até que encontrasse uma idéia melhor. O pobre do sr. Bruni ficaria muito confuso. Pensando melhor, cheguei à conclusão de que nada poderia se comparar à abertura do Per Se. Outra opção para agitar um pouco as coisas seria trabalhar para ser promovida, mas eu não me via como um tipo gerencial. Quanto a ser maître, eu tinha pouca paciência para o aspecto "quem é quem" da função. Não tinha interesse real – nem talento – pelo lado histórico, nem comercial de vinhos, portanto ser sommelier estava fora de cogitação. A única outra carreira que eu podia cogitar em restaurantes seria como crítica, porém, conhecendo a quantidade de gente que eu já conhecia em restaurantes de Nova York, teria de me mudar. Pela primeira vez desde que começara a trabalhar no Per Se, passei a me arrastar para ir para o trabalho e torcer para que meus clientes se apressassem para que eu pudesse ir embora.

Até então, os estudos sempre estiveram em segundo plano, depois do restaurante. Eu lia no metrô, escrevia histórias na mesma manhã antes de as entregar. Logo depois de entrar no Per Se, comecei a escrever sobre o restaurante, mais porque eu tinha uma carga horária de setenta horas semanais e não pensava em nada além de comida, estrelas e meus colegas de trabalho. Não tinha grandes planos para essas histórias, porém, quanto mais escrevia, mais idéias eu tinha. Às vezes, quando eu me sentia particularmente inquieta, tentava pensar no trabalho como um campo de pesquisa para a escrita.

Ocorreu outra mudança de percepção entre mim e André. Nós já não conversávamos apenas sobre o Per Se. Ele conheceu outros amigos meus, fora do ramo de restaurantes; eu conheci mais de seus contatos no mercado de vinhos. Passávamos longas noites visualizando nossos respectivos futuros depois do Per Se. E começamos a planejar nossas próximas férias. O fechamento do restaurante ainda seria dali a cinco meses, mas aquilo se tornou um de nossos temas preferidos como conversa. Pensamos em regiões de vinhos, passando por alguns restaurantes três-estrelas do *Guia Michelin*, realizando a minha fantasia em viver num barco, na França, mas depois André teve uma sugestão que pareceu perfeita. Uma viagem pela estrada.

– Deve ter um tema. Por exemplo, comida no espeto.

André pareceu enojado.

– Restaurantes-lanchonete? Torta? Que tal algumas atrações de beira de estrada?

Em meu ideário dos Estados Unidos, há *drive-ins*, feiras, rodeios, pistas de boliche, cidades com nomes malucos e eventos sociais com sorvete, mas acho que a maior parte dessas coisas perdeu a graça com o advento da televisão a cores. Os Estados Unidos de André eram um lugar diferente, notei quando ele fez a sugestão.

– Que tal motéis com camas vibratórias?

Nos cinco meses seguintes, não moramos juntos oficialmente, mas dividimos nosso tempo entre nosso *"pied-à-terre"*, na cidade, e nossa "casa rural", no Brooklyn. Isso significava que o apartamento de André precisava de um pouquinho de atenção. Imagino que Leigh tenha levado a maior parte dos acessórios com ela, pois até eu levar meu edredom não havia nada sobre o colchão além de um cobertor gasto que cobria nossos ombros ou nossos pés – e não ambos. Comprei um abajur de pé, para evitar a luz fluorescente do teto, e uma máquina de café expresso para usar sobre o fogão, para sobreviver. Fora isso, tentei deixar que André administrasse seu lar da maneira que preferisse. Numa manhã, ele se arrumava, apressado, para ir trabalhar, enquanto eu estava deitada, tendo aproveitado sua parte do minicobertor. Ele costumava sair no meio da manhã, mas eu não precisava sair antes das 15h. Às vezes, eu ficava na casa dele, escrevia por um tempo e lhe entregava as chaves mais tarde, no trabalho.

– Quer que eu faça alguma coisa? – perguntei a ele.

– Quer passar umas camisas?

– Pra falar a verdade, não.

Ele fizera o pedido como uma piada. Nós dois sabíamos que eu não passaria suas camisas. Imaginei que essa seria mais uma coisa em que eu e Leigh nos diferenciávamos. Ela apelidara a si mesma de "Henrietta, a dona de casa"; eu nem tinha uma tábua de passar. Ela gostava de cozinhar; eu gostava de comer fora. Ela lavava roupa; eu deixava a minha na lavanderia. Se André quisesse uma deusa do lar, ficaria decepcionado. E se ele esperasse que eu ficasse em casa enquanto ele ia a inaugurações de restaurantes e a jantares com degustação de vinhos, eu ficaria bem decepcionada e cairia fora. Minha idéia de inferno era acordar no meio de um subúrbio, com reflexo no cabelo e maquiagem pesada, preparando pizzas com massa de muffin inglês para meus filhos, enquanto eles pareceriam robôs diante da televisão, brigando por causa de videogames, e depois viessem a se tornar lobistas da indústria farmacêutica ou *vegans*.

Houve uma época em que eu preferia que André fosse trabalhar e me deixasse sozinha, com minha manhã solitária. Agora, eu queria vestir um jeans, domar meu cabelo de Pequeno Príncipe e seguir até o restaurante-lanchonete. Por causa do tamanho do apartamento de André, esse restaurante-lanchonete se tornou um tipo de anexo. Às vezes, nos dias em que ele não precisava ficar até mais tarde no trabalho, nós levantávamos cedo, tomávamos café e depois voltávamos para a cama. Nas manhãs, as crianças nas cadeirinhas altas comiam torrada francesa com dedos gordurosos, casais assíduos compartilhavam silenciosamente o jornal e senhores com suéteres de tricô comiam uma espécie de *pot-pourri* de carne em conserva, batata e ovos. Minha parte predileta do menu de café-da-manhã era a seleção de muffins: mirtilo, milho, banana e castanha, farelo de cereais. Eu gostava dessa seção por dois motivos. Primeiro, eram os erros de gramática – não os meus – que sempre faziam com que me sentisse um pouquinho superior. Também gosto dos muffins porque eles são apenas uma desculpa esfarrapada para comer bolo de manhã.

– Quer café? – o garçom inquieto sempre berrava, largando os guardanapos, talheres, copos de água e os menus sobre a mesa, como se já estivéssemos pedindo demais. André e eu apelidamos todos os garçons dali com nomes dos sete anões; esse era o Zangado, pois, quando não estava repreendendo um colega de trabalho, ficava com a cabeça enfiada no passa-pratos. As palavras ficavam perdidas em meio ao barulho da raspagem das espátulas na grelha e o rugir da lavadora de louça, mas o movimento de seus braços dava uma boa indicação do tom. O Soneca cuidava do caixa, descansando a cabeça na palma da mão, fazendo com que seu cabelo excessivamente pintado caísse perigosamente perto do pote de balas sobre o balcão. As de menta sempre pareciam ter sido escolhidas, tendo sobrado apenas as de limão néon e alcaçuz.

– Café seria ótimo – respondi, me encolhendo no sofá do reservado. Leio cuidadosamente, tentando lembrar o que tivera a intenção de comer na última vez. Só pedia algum item da coluna de Especialidades da Chapa quando me lembrava de levar meu próprio xarope de bordo. Talvez isso nunca me ocorresse, se não fosse por uma indescritível velhinha de cabelos azulados a quem observamos pegando uma porção de frascos de temperos na bolsa. Ela os colocou num prato sobre a mesa e abriu cada um deles com cuidado (ou desatarrachou, dependendo do tipo de tampa), cheirou e polvilhou a comida, delicadamente.

André e eu tínhamos uma conversa recorrente, independentemente da hora.

André: "Vou perguntar o que é o hambúrguer simples."

Phoebe: "É um hambúrguer sem pão, servido com ovos a gosto, batatas fritas caseiras e torrada."

Mas ele perguntava mesmo assim, como se estivesse fazendo sua pequena experiência. Acho que ele gostava da idéia de estar criando uma reputação, mesmo que eu dissesse que a reputação estava sendo de ignorante e ligeiramente obscura. No fim, ele sempre pedia o habitual: ovo, queijo, lingüiça e bacon, no pão. Se eu tivesse esquecido meu xarope de bordo, poderia pedir ovos pochés sobre um muffin, o qual eu deixaria ficar bem molhadinho antes de comê-lo.

O contrato de locação de André terminaria no fim de janeiro e o meu, no fim de fevereiro, mas nós dois concordamos que era cedo demais para pensar em morar juntos oficialmente. Ele precisava de algum tempo para voltar a se acostumar a passar as próprias camisas e nós dois precisávamos da opção de voltar para casa sozinhos. Isso não significava, em minha opinião, que não houvesse pequenos passos que podiam ser dados entre o namoro casual e a vida a dois

UM MENU DE AVENTURAS 210

na mesma casa. Na continuidade dos relacionamentos nova-iorquinos, a concessão de chaves recai entre se tornar exclusivo e o surgimento de certas perguntas. A exclusividade tem de ser estabelecida, pois embora "*in flagrante delicto*" soe bonito, é apenas a sonoridade o que tem a seu favor.

Quando isso está acertado, os preparativos para a troca de chaves podem começar. O cedente é sábio em se livrar de qualquer coisa sórdida e de todas as evidências de relacionamentos passados. Isso inclui apagar o histórico de sites visitados; descarregar as fotos da câmera digital; limpar o apartamento para dar fim aos fios de cabelo de antigas parceiras; estabelecer senhas para o BlackBerry, Palm, ou celular; diminuir o volume da secretária eletrônica e alertar aqueles que podem causar problemas ao telefonar.

Os privilégios da chave vêm com algumas responsabilidades: restringir-se a organizar, reorganizar e lavar a roupa. No entanto, compras no mercado são bem-vindas. Se aquele que recebe a chave ainda não trouxe uma escova de dentes permanente, essa é a hora. Ainda não é o momento para negociar uma gaveta. Eu tinha uma escova de dentes e uma bolsa que pernoitava no apartamento de André, mesmo que não ficasse por lá, mas não tinha uma gaveta. Nem tinha chave. Isso significava que nos dias em que eu não ia trabalhar, ou nas noites em que saía antes dele, eu precisava esperá-lo em algum lugar. Apenas por esse motivo, comecei a freqüentar a lanchonete sem ele.

ALÉM DOS MEUS locais de trabalho, nunca havia passado tanto tempo num único restaurante. Conhecia o local tão bem que comecei a sentir que ele substituíra o Per Se como ambiente em que se passava o *reality show* que era a minha vida. De quatro estrelas para estrela nenhuma, de talheres de prata para aço inox, de cristal para vidro, me senti como se nós estivéssemos voltando a pisar no mundo real.

Entre 2h e o raiar do dia, a cidade que nunca dorme às vezes tira um cochilo. Enquanto eu ficava sentada junto à janela, olhando para fora, as ruas estavam calmas. De vez em quando, alguns táxis passavam rapidamente pela Broadway e um eventual caminhão de lixo atravessava um cruzamento. Havia experimentado diversos círculos sociais durante todo esse tempo em Nova York, mas o pessoal da lanchonete, antes do amanhecer, era novidade. A essa hora, homens solteiros lêem jornais de 25 centavos, um policial eventualmente toma café no balcão, e os alunos da Juilliard* discutem exercícios vocais comendo queijo quente, depois de algum show. Eu sempre colocava o celular em cima da mesa para que pudesse ouvi-lo quando tocasse, alertando que André estava a caminho. Ao lado do meu telefone, um vaso de flores plásticas de margaridas ficava junto a um frasco de ketchup. Eu me lembrava brevemente do arranjo floral no trabalho, escolhido para ser visto, e não cheirado. Meu copo de água me lembrava óculos que escurecem sob a luz do sol.

O menu tinha mais ou menos as mesmas proporções do menu do Per Se, apesar do vinil marrom e das páginas de plástico. Ao contrário de alguns menus de restaurantes-lanchonetes, esse não trazia a página avulsa em que eram apresentados os especiais do dia, enfiada num compartimento especial como se faz numa daquelas sapateiras penduradas na porta do armário. Eles escreviam os especiais num quadro de avisos, em letras multicoloridas: sopa de pão ázimo, filé de linguado, gulache. Uma vez, pedi quase todas as sobremesas – exceto as tortas cremosas – só para ver o que eu teria de enfrentar. A torta de maçã fora assada na expectativa de uma morte lenta na vitrine de vidro, atrás do balcão, e havia sido embalsamada com canela

---

* Conservatório de artes performáticas fundado em 1905 e reconhecido mundialmente. Oferece aulas de dança, teatro e música. (N. da E.)

e pimenta-da-jamaica. Camadas secas como as do bolo de chocolate estavam corajosamente coladas com um glacê tão pastoso e grosso que as crianças poderiam considerá-lo uma alternativa àquela gororoba grudenta que comem.

Eu imaginava que a maior parte dos clientes habituais nunca nem olhasse o menu. O único motivo para se ler um menu num lugar desses é lembrar a si mesmo daquilo que você já sabe que tem e torcer para se surpreender. Ali, escondido entre a salada grega, o sanduíche quente de peru e as delícias dietéticas (a maioria incluía queijo *cottage* ou gelatina de frutas), havia um hambúrguer de búfalo. Ele era seguido por uma minúscula tabela na qual as calorias e o colesterol são medidos em comparação com a galinha, o peru e a carne bovina. Eu sempre imaginava um motorista de caminhão barrigudo se sentindo orgulhoso por sua escolha depois de optar pela carne de búfalo, mais magra e repleta de proteína. Crepes também pareciam meio deslocados, assim como omeletes com recheio de geléia de frutas, mas minha descoberta recente de que as panquecas de mirtilo realmente tinham mirtilo, ao contrário de uma meleca gelatinosa de mirtilo, foi uma surpresa bem-vinda.

Outro destaque desse menu eram as ilustrações que enfeitavam as margens – coisas que sua mãe costuma fazer: costeletas de porco com purê de batatas e molho, frango assado, uma torta com arabescos subindo da massa, simbolizando o doce cheiro da nostalgia. Ocorreu-me que eu deveria me especializar numa refeição desse tipo caso provasse ser digna da chave.

Minha preocupação com a chave de André não era quanto ao acesso a seu conjugado de 14 metros quadrados. Não tinha a ver com o futon que servia de sofá, cama, escrivaninha, mesa de cozinha e tábua de passar, nem com o aquecedor excessivamente entusiasta, nem o japonês suspirante que morava ao lado, nem o microondas que cheirava a pipoca, mesmo quando não estava em uso. Coisas marcantes como chaves, alianças, broches, bichos de estimação compartilhados ou apresentações importantes têm mais a ver com o momento do que com o objeto ou o acontecimento em si. Acredito que as mulheres se refiram a isso quando dizem que o "relacionamento vai chegar a algum lugar". Porque se não for chegar a lugar algum, elas terão de ir para outro lugar levando seu frango assado, receando acabarem com tornozelos grossos e peitos da *National Geographic,* como mãe solteira de gatos.

QUANTO MAIS A MINHA VIDA e a de André se desenrolavam fora do Per Se, mais eu queria conhecer a 2040. Não interessava quanto ele estava apaixonado por mim, nem com quantas mulheres ele havia saído em Nova York, nem o fato de que ela estava saindo com outra pessoa; eu precisava saber que nós não tínhamos mais segredos. Toquei nesse assunto algumas vezes e André respondeu que certamente daríamos de cara com ela, em algum momento. A julgar por seu tom, aquilo não parecia ser algo por que ele estivesse torcendo.

Então, um dia, ele me disse que havíamos sido convidados para jantar na casa dela. Eu gelei.

— Não era isso que você queria? — perguntou ele.

Eu queria, realmente, conhecê-la, mas passar uma noite inteira no apartamento dela era mais do que eu esperava. Ainda assim, imaginei que eu deveria estar contente por ele se sentir à vontade com nosso encontro numa atmosfera tão íntima.

— Ela adora cozinhar! — gritou ele do chuveiro, na noite do jantar, fazendo aquilo soar como se estivéssemos lhe prestando um favor por deixá-la cozinhar para nós.

— Vai dar tudo certo, ela é muito agradável. — Ele me tranqüilizou, enquanto caminhávamos na direção do metrô. — Ela mora num ótimo bairro, mas demora uma eternidade para chegar até lá. Costumo pegar um ônibus que atravessa a cidade. — A palavra *costumo* me provocou arritmia cardíaca e náuseas.

"Essa é uma idéia terrível", disse-me uma amiga, depois que contei a ela sobre o que eu sabia a respeito da 2040, incluindo seu desejo de ter filhos, a maestria culinária e sua escolha pelo tipo de calça comprida. "Essa mulher soa como um útero vagante. Você não pode simplesmente encontrá-la para um drinque?"

Imaginei a 2040 em pé, na soleira da porta, como uma camponesa num campo de trigo impressionista, com os seios pulando para fora de um corpete de renda, cachos louros implorando para serem soltos, olhos adoráveis – no entanto, com o quadril latejando de expectativa pela concepção.

A familiaridade de André com o caminho, o interfone e o elevador complicado o fizeram parecer um estranho. Felizmente, para ele, isso o tornou o tipo de estranho fascinante. O tipo que faz uma garota passar direto da estação de trem em que deve descer.

A 2040 e o homem com quem ela estava saindo – a quem todos nós apelidamos de "Grande A", com seu consentimento relutante – já tinham entornado quase uma garrafa de vinho quando chegamos. Ela tinha uma voz rouca, numa versão minimalista do meu pesadelo impressionista. Com minimalista quero dizer que faltava o corpete e o campo de trigo; mas os seios, os cachos e o quadril latejante permaneciam. André e eu nos acomodamos no sofá, que dividia a área da sala de estar da cozinha aberta. De copos na mão, todos brindamos e passamos a agir como se soubéssemos bem pouco a respeito uns dos outros. Eu observava André e a 2040, André observava a 2040 e eu, e a 2040 observava André e eu, e o Grande A correu até seu carro para pegar alguns CDs.

– Desculpe. Ele não é do tipo com quem costumo sair – disse ela, se aproximando de mim.

Mas é claro, eu pensei. André certamente não era um Grande A. Pensar nela solteira fez meu coração disparar novamente.

– Nós realmente não temos muito em comum. Quero dizer, ele vende carros.

AMOR URBANO ❧ 215

Ela se levantou e foi mexer em alguma coisa no fogão. O Grande A voltou com uma pilha de CDs.

– Ouvi dizer que você é escritora – disse a 2040, mudando de assunto. Embora ela estivesse olhando para seu caldeirão, eu sabia que aquilo se dirigia a mim. Estreitei meus olhos na direção de André. – Sobre o que está escrevendo?

Não querendo discutir sobre minha escrita com estranhos, eu já andara ensaiando possíveis mudanças de rumos na conversa, mas não pensei que tivesse a ousadia de apelar para uma das alternativas. Mas agora, na mais estranha das situações, aquilo parecia apropriado.

– Na verdade, estou escrevendo uma biografia – respondi, casualmente. – Sobre um homem, no Alasca, que faz foie gras de pingüins.

Olha, se isso fosse um filme, o André teria cuspido todo o vinho que tinha na boca por cima da mesinha de centro. Em vez disso, ele pareceu mortificado; a 2040 pareceu nauseada e continuou mexendo.

Pensei em detalhar a legislação anti-foie gras a ser discutida na Califórnia, falar de falsas regulamentações culinárias do Alasca, dar informações biográficas de meu herói, ex-pianista de funerais, chamado sr. Dirge, e o título: *Bing and Dirge*. Em vez disso, enfiei o rosto na taça e torci para ser salva.

– Ela me dá medo – anunciou Grande A.

André fazia ao Grande A o tipo de pergunta que um homem deve fazer a um vendedor de carros, coisas sobre modelos, anos e nomes que pareciam títulos de sites pornográficos. Sem carteira de motorista, eu sabiamente preferi me manter calada. Por sua vez, do fogão, a 2040 falava sobre algumas dificuldades que ela vinha tendo com a sua *scooter*. Imaginei André atrás dela, no banco de couro, e comecei a ficar nauseada novamente.

Enquanto a 2040 servia mexilhões, depois escargots, depois sopa de cogumelos, eu me sentia o tipo de mulher nova-iorquina que veste preto em julho e faz quase todas as suas compras na delicatéssen da esquina, o que era verdade. Antes dos pratos de filé-mignon e queijo, me ofereci para lavar um pouco de louça. André ergueu uma das sobrancelhas, e tentei me lembrar se ele já me vira esfregando uma panela.

– Você não precisa fazer isso – disse ela, abanando a mão em direção à pilha de travessas de petiscos na pia.

Eu lavei, o Grande A secou. Ele parou de tentar ser engraçado, eu parei de fingir que estava sob controle.

– Você está trabalhando em outros livros? – provocou ele.

– Na verdade, estou – respondi. – Estou escrevendo um livro infantil.

– Filhotes de foca em conserva e picolé feito de esquimó de verdade?

– Não, chama-se *Onde está o papai?*.

O grupo deixou passar essa.

– Será que ela me odiou? – resmunguei, no ônibus, durante o trajeto de volta para casa.

– Como ela poderia odiar você? – André me tranqüilizou. – Ela disse que você era muito mais legal do que achou que seria.

– Não estou bem certa se isso é um elogio a qualquer um de nós.

Por um tempo ficamos olhando pela janela, silenciosamente, observando nossa rota anterior em sentido contrário. Depois André pegou minha mão e a beijou bem no meio da palma, do jeito que eu adoro.

– Chef? Acho que seus projetos de livro precisam dar uma melhorada.

– VEIO SOZINHA ESTA NOITE?

– Por enquanto – respondi, tentando soar como se não fizesse diferença. Meu garçom me olhou cuidadosamente e concordou. Como o meu preferido entre os anões, ele fora poupado de um nome depreciativo. Deslocava-se rapidamente, apesar do coxear da perna direita, que o fazia arrastá-la, como se tivesse com uma criança pequena atracada a ele a quem decidira ignorar. Tarde da noite, ele trabalhava sozinho e executava a mesma rotina em cada nova mesa.

– Olá! – dizia ele, casualmente, parando ao lado de sua vítima. – Café? – Nesse instante, a xícara (vazia) emborcava, mas ele a estava segurando fora do ângulo de visão do cliente. Ele fingia pânico, fazendo de conta que ia virar a xícara (firmemente segura pela alça, em seu dedo). – Opa! – gritava ele, enquanto todos soltavam gritinhos e erguiam as mãos. Esta noite, um bando de turistas arruaceiros ameaçou protestar. Uma mulher ficou se abanando com o menu por quase cinco minutos. Ele piscou para mim.

Pedi um pouco de café e fui poupada do ato cômico. Ele derramou um bocado no pires, o que significava que eu teria de arriscar ganhar uma mancha de um pingo (ou uma lesão no pescoço por tentar evitar o pingo), ou precisaria usar meu único guardanapo para secar a poça. Pedi torradas. Elas chegaram parecendo serem de plástico, acompanhadas por manteiga gelada, naquelas embalagens plásticas pequenininhas, que você dobra o cantinho para abrir com a unha do polegar. Olhei pesarosa para a geléia de uva e percebi que deveria passar a trazer minha própria geléia. Pensando nisso, seria melhor trazer uma van completa, com tudo de que eu precisasse para existir na terra sem estrelas: xarope de bordo, geléia, guardanapos adicionais, uma equipe decente. Que droga, por que não ir logo em frente e trazer um moedor de pimenta? Eu estava começando a ficar irritada quando ouvi uma batida na janela. André sorriu e acenou.

– Você precisa de um menu? – uma voz perguntou, do outro lado do salão, assim que ele se sentou na cadeira à minha frente.

– Não, não, não preciso. – Ele pediu o de sempre, ovo, queijo, lingüiça e bacon num pãozinho; o garçom foi mancando até o passa-prato da cozinha e fez o pedido. André debruçou-se sobre a mesa, com o rosto triunfante.

– Você ouviu isso?

– Aham – respondi, tentando decidir se a omelete merecia uma chance. – Você não vai perguntar o que é o hambúrguer simples?

– Não. Acho que não preciso mais. Afinal, agora somos clientes habituais.

Por esse fato marcante eu não esperava.

— Dica —

DÊ VINTE POR CENTO OU MAIS DE GORJETA. ALGUNS DÓLARES A MAIS REPRESENTAM MUITO POUCO PARA VOCÊ, MAS SÃO UM ELOGIO AO GARÇOM QUE O ATENDEU.

SERVIÇO INCLUÍDO

Em nossa viagem de verão pela estrada, não houve camas vibratórias, nem festas com sorvetes, nem rodeios, e a coisa mais perto de comida no espeto foi uma coxa de peru, em Memphis – no entanto, nos divertimos bastante. Mas quando voltamos ao trabalho, depois das férias, o chef Keller tinha uma surpresa para nós. A partir de setembro, o restaurante iria instituir uma cobrança de vinte por cento pelo serviço em cada conta e pagar à equipe um salário por hora. Tão logo soubemos da notícia, ela já estava sendo divulgada nas páginas de fofocas, nos sites de apreciadores de gastronomia, na CNN, na *New Yorker* e em jornais de Los Angeles a Nova York.

Poucos de nós havíamos trabalhado em tal sistema, embora isso fosse comum na Europa e utilizado em muitos restaurantes americanos, como o Chez Panisse, em Berkeley, o Charlie Trotter, em Chicago, e, antes de fechar, o Quilted Giraffe, em Nova York. O chef Keller vendeu a nova política para a equipe como um meio de igualar uma discrepância um tanto dramática entre cozinheiros e garçons. Quase não há restaurantes na cidade em que esse não seja o caso e, na maioria deles, isso cria um ressentimento oculto entre quem trabalha no salão e quem trabalha na cozinha. É provável que um cozinheiro que trabalha sessenta horas por semana tenha freqüentado a escola de gastronomia e tenha dezenas de milhares de dólares para pagar de empréstimo acadêmico, ao passo que um ator sem qualquer instrução apropriada trabalha metade desse período e fatura duas vezes mais.

Era fácil sentir compaixão pelos cozinheiros, mas quando alguns de nós, na outra ponta da escala de pagamento, perceberam que perderiam um quarto da renda, o tom mudou. Alguns dos garçons e cumins lamentavam as férias caras que tinham acabado de tirar. Outros se preocupavam com a educação dos filhos, com orçamentos já comprometidos. Num empenho para controlar o estrago, a gerência informou à equipe que, se um cliente deixasse gratificação extra, metade dessa soma iria para o garçom e metade seria dividida entre o restante da equipe do salão. Para mim, isso soava perigosamente como um aperto de mão, o que nunca usei em meu favor.

Muitos manifestaram seu desagrado. Se os gerentes tinham um problema com o valor que estava sendo pago aos cozinheiros, alguns dos membros da equipe do salão diziam, baixinho, que deveriam aumentar seus salários. Um dos garçons questionou para onde o dinheiro *realmente* estava indo. Disseram-nos que parte dele seria reservado para aumentos e presentes de fim de ano.

– Pode ficar com o livro de receitas de Natal – sugeriu ele, sarcasticamente. – Eu aceito o dinheiro.

Deveríamos nos acostumar com o fato de que a própria gerência faria a distribuição da gratificação. Em quase todos os restaurantes da cidade, era a própria equipe quem dividia as gorjetas. Agora, passaríamos adiante essa responsabilidade sem um completo entendimento de como o dinheiro seria distribuído. Mas, pela forma como as notícias se espalharam, dar voz à nossa objeção poderia transparecer ganância e má vontade em compartilhar os ganhos com nossos chefs de cozinha endividados, malnutridos e praticamente sem teto.

Assim que o impacto inicial passou, começamos a pensar em como isso poderia afetar o padrão do serviço no restaurante. Se para abrir uma garrafa de US$ 30 era preciso o mesmo esforço que para abrir uma de US$ 3 mil, será que eles não se preocupariam com incentivos de venda? E se fizessem cortes de pessoal para poupar dinheiro? Agora teríamos de cobrir seções maiores sem compensações por isso? Como mudaria o nosso relacionamento com os clientes? Eles ficariam ressentidos por lhes dizerem quanto dar de gratificação? Como se sentiriam quanto aos vinte por cento acrescidos ao preço de seu vinho? Isso mudaria nosso relacionamento com a equipe? Será que as pessoas começariam a brigar pelos clientes que davam mais gorjeta?

Fiquei dividida. Apoiava o aumento de rendimento dos chefs e a idéia de ser compensada como em qualquer outro ramo certamente era atraente. Ser paga como profissional abrandava a sensação sorrateira de servidão. Eu ainda ganharia dinheiro suficiente para viver confortavelmente em Nova York. Mesmo após o corte no pagamento, meu salário seria três vezes maior do que o da maioria das pessoas que começam na área de publicidade. Mas isso fez com que eu me questionasse: se não fosse pelo dinheiro, será que eu ficaria? Um ano antes, a resposta teria sido sim, sem hesitação.

Certo dia, em agosto, depois que pensei nessa pergunta por algumas semanas, passei pela cozinha e vi um dos inúmeros avisos do chef Keller. Estava fixado à parede por uma borda caprichosa de fita adesiva verde (fita adesiva no Per Se era cortada, não rasgada). O aviso dizia: O QUE VOCÊ FARIA SE SOUBESSE QUE NÃO PODE FALHAR? Quando eu olhava para o aviso no passado, sempre pensava no Per Se como um todo. Nós já alcançáramos as quatro estrelas e, no ano seguinte, conquistaríamos as cinco do *Mobil* e as três estrelas do *Michelin* também. Não falhávamos porque cumpríamos nossos próprios padrões, e ainda bem que nossos padrões estavam em consonância com os de nossos críticos. Recentemente, alguém me perguntou o que, na minha opinião, distinguia o Per Se. A responsabilidade, respondi. Meus colegas de trabalho jamais permitiram falta de capricho ou negligência. Deus protegesse o cumim que não entregasse os pedidos corretamente ou deixasse uma mesa ficar sem água, o barman que demorasse demais preparando a água tônica, um garçom cuja mesa pedisse a conta. As probabilidades eram de que seus colegas lhe diriam algo antes que a gerência tivesse a chance de ser diplomática.

Dessa vez, quando olhei para o aviso, a pergunta me proporcionou uma outra sensação, bem mais pessoal.

Em meu intervalo entre os turnos fui me sentar junto ao chafariz em frente ao Time Warner Center e fiz uma lista de motivos para ficar e razões para ir embora. Ficar: renda, matéria-prima para escrita, tempo com André. Ir embora: tempo, liberdade, novo corte de cabelo.

– Isso é ser responsável? – perguntei a André, depois do trabalho, quando já tomara minha decisão. – Estou sendo impulsiva demais? É totalmente possível que eu jamais volte a ganhar dinheiro assim. E se eu usar todas as minhas economias e acabar tendo de sobreviver de comida de cachorro enlatada e dormir numa caixa no parque?

– Tenho certeza de que você consegue arranjar um emprego no TGI Friday's antes que chegue a esse ponto.

– E se não tivermos mais nada sobre o que conversar?

– Bem, seria melhor descobrir isso mais cedo do que tarde.

Depois que entreguei meu aviso prévio, uma amiga que acabara de romper seu noivado perguntou se poderia ficar em meu apartamento enquanto procurava um novo lugar para morar. Sua crise não poderia ter chegado numa hora melhor. Ela se mudou para o meu apartamento e eu oficialmente me mudei para o de André.

Fiquei contente em levar apenas algumas coisas, a princípio. Quase não havia espaço no apartamento dele para nós dois, muito menos para meus livros e móveis. A mudança gradativa permitiria que eu lentamente me acostumasse a deixar meu cantinho no Brooklyn, onde existiu um dia em que eu fechava a porta e ficava perfeitamente bem sozinha. Depois de arrumar uma malinha, me sentei na ponta do sofá por um instante. Do outro lado da sala ficava uma escrivaninha de madeira que eu convencera meu ex a carregar no metrô, trazendo de uma loja barata em Chelsea. Isso me lembrou de quanto implorei a ele, não muito depois disso, para arrastar uma cômoda gasta e branca, vendida na calçada no fim da rua, e subir com ela quatro lances de escada. Ela pedia uma demão de tinta, mas, em vez disso, troquei os puxadores por outros, de porcelana, cada um de um tipo, o que deu um visual excêntrico de uma velha com jóias de fantasia. Ao lado da escrivaninha havia uma poltrona de veludo azul-esverdeado que agora eu guardava em segurança para uma amiga que morava em Nova Orleans. Junto aos meus pés ficava o baú de madeira que eu trouxera da casa dos meus pais. Por alguma razão, pensei na manhã em que acordei ao som das asas de passarinhos, um som que e.e. cummings* teria comparado ao sussurrar das nuvens. Eu tinha deixado a janela aberta na noite anterior quando entrei pela escada de emergência. Mais lembranças assombravam a minha solidão, e quando fechei a porta do meu apartamento, estava aos prantos.

Os poucos jeans que coloquei na mala mal couberam no cantinho do armário de André, e precisei tirar alguns supérfluos para guardar o mínimo dos meus cosméticos no banheiro verde-ervilha. Enfiei um suéter na mala em que ele guardava os dele, aquela que ficava em cima dos engradados de leite abrigando sua coleção de vi-

---

* Edward Estlin Cummings (1894-1962), poeta, pintor, ensaísta, escritor e dramaturgo americano. (N. da E.)

nhos. Espremi algumas saias e calças boas à direita de seus ternos e camisas sociais e pendurei dois cintos, um marrom e um preto, num prego em seu armário. Minha caçarola de ferro Le Creuset Dutch assumiu seu lugar em cima do fogão. Agora que eu provara ser digna da chave, era hora de me especializar nas refeições desenhadas nas margens do menu do restaurante-lanchonete, aquelas que sua mãe deve preparar.

Meu senhorio concordou em me liberar do contrato em janeiro, um mês antes do programado, o que significava que nós tínhamos quatro meses vivendo como sardinha espremida pela frente enquanto planejávamos nosso próximo passo. Por mais estranho que parecesse, agora que eu havia chegado, não podia me sentir mais feliz com o que estava por vir.

– Acho que pode estar na hora de um dachshund – mencionei, casualmente, numa noite.

– Buldogue francês.

– Tanto faz.

MAIS ALGUMAS DICAS

Não tente subornar a recepcionista. Se não há mesa, não há mesa.

"Você sabe quem eu sou?" é uma pergunta muito pouco agradável.

Pense em guardar sua bolsa embaixo de sua cadeira,
onde não a pisaremos.

Reserve um instante para ouvir seu garçom quando ele se oferecer
para explicar o menu ou anotar seu pedido de água, coquetel,
ou o prato que escolheu. Se você estiver no meio de uma conversa
importante, deixe-o ciente disso e faça contato visual quando
estiver pronto. Não há necessidade de ser grosseiro.

Você pode ter pedido seu coquetel personalizado um milhão de vezes, mas nós precisamos de tempo para escrever quando você disser
"martínicomvodcasupersecobemgeladosecomazeitonas".

Observe se todos os de sua mesa já estão dispostos a fazer o pedido antes de você fazer o seu, e se todos terminaram de comer antes de pedir para limparem e arrumarem a mesa.

Teremos prazer em dividir a sua conta, mas é melhor se você puder nos informar antes. Você ficaria surpreso com como pode ser complicado fazer mudanças em alguns sistemas.

"Traga-me..." é uma forma pouco atraente de se começar uma frase.

Quando você não gostar de algo, não fique zangado com seu garçom.
Não foi ele que fez aquilo.
Tendo dito isso, por favor, nos dê sua opinião sobre o restaurante, tanto negativa quanto positiva, para que possamos informá-la ao chef ou à gerência.

Não toque no seu garçom.

Acrescentar pessoas ao seu grupo não está na Declaração de Direitos do Comensal.

. . . .

Tente ser claro em seus pedidos.

. . . .

Quando um garçom parecer ignorá-lo, é muito provável que outro cliente o tenha chamado primeiro, não significa que ele seja incompetente, indelicado ou pouco inteligente.

. . . .

Não erga seu copo quando o garçom ou o sommelier estiver lhe servindo. Isso faz você parecer guloso e desatento.

. . . .

Os pratos são servidos de acordo com os lugares que cada cliente ocupava à mesa quando os pedidos foram anotados. Quando os clientes trocam de lugar, essa organização vai por água abaixo.

. . . .

Por favor, não nos peça cigarros.

. . . .

Taças maiores parecem menos cheias do que taças menores. Isso não significa que estão lhe servindo menos vinho.

. . . .

Jamais se levante e pegue algo no aparador. Isso inclui jarras de água, bules de café, talheres, guardanapos e canetas. Por favor, não roube nossas canetas. Normalmente, somos nós mesmos que as compramos.

. . . .

UM MENU DE AVENTURAS

. . . .

Não coloque o guardanapo em seu prato sujo.

. . . .

Controle seus membros.

. . . .

Por favor, não nos envolva em disputas monetárias. Não enfie
dinheiro em nossos bolsos ou aventais, nem arranque
os cartões de crédito de nossas mãos.

. . . .

Não responsabilize seu garçom se alguém se adiantar
e pagar pelo jantar.

. . . .

Ao encontrar jornais, papel de embrulho ou lenços de papel sobre
a mesa, um garçom amigo, do Brooklyn, costumava resmungar:
"Ei, aqui não é a casa da mãe Joana."

. . . .

EPÍLOGO: MEU JANTAR COM ANDRÉ

André e eu jantamos no Per Se alguns meses depois que saí. Nos dias próximos à nossa reserva, pensei em possíveis menus, possíveis trajes que não fossem tão formais e possíveis momentos desagradáveis. A essa altura, todos no restaurante sabiam sobre André e eu, mas seria a primeira vez que apareceríamos oficialmente juntos.

Seguimos nossa rota habitual do apartamento rumo ao Central Park West. Enquanto caminhávamos, pensamos alto no que seria uma refeição épica. Nós nos sentaríamos junto à janela, ou lá em cima, ou num dos bancos estofados? Haveria trufas? Foie gras frio ou quente? A aproximadamente duas quadras da Trump Tower, André me cutucou com o cotovelo.

– É quem eu estou pensando?

Era um dos clientes mais engraçados e desafiadores, um homenzinho miúdo e careca que só dava o primeiro nome e sempre se referia a si mesmo na terceira pessoa. Por exemplo, quando recebia a conta: "... nunca paga por trufas." Ou, quando lhe era negada uma mesa para a noite seguinte: "Sempre há uma mesa para ...!" Ao nos ver, ele disse um breve "olá", depois nos acusou de tê-lo evitado na rua, em Williamsburg, numa ocasião da qual eu nem me lembrava mais e achara que disfarçáramos bem. Depois, no jeito típico de ..., ele nos perdoou e nos ofereceu o vinho que deixara no Per Se alguns meses antes. Aparentemente, ... também não pagava mais pelo vinho. Foi um choque ser incluído no grupo de clientes habituais do Per Se, mesmo que por associação. Nós declinamos sua oferta e batemos em retirada.

Quando chegamos ao restaurante, uma recepcionista nos levou até um dos bancos com vista para o salão, o parque e as luzes dos arranha-céus do East Side. Nenhuma das formalidades seria omitida durante nossa refeição, embora pudéssemos nós mesmos ter-nos conduzido até a mesa 23 e nos servido de champanhe, que sabíamos estar gelando no balde. Não pude deixar de me maravilhar com tudo aquilo – o salão, meus colegas deslizando pela sala, minha intimidade com cada detalhe do serviço, o fato de que, apesar dela, eu me esquecera completamente de checar se o logo na base de minha taça de champanhe estava posicionado na parte superior da base, como o ponteiro que marca as 18h em um relógio.

Bebericamos champanhe e comemos nossas casquinhas de salmão, nas duas ou três mordidas recomendadas.

– Você algum dia imaginou...? – comecei a perguntar a André, antes que uma fila de gerentes, maîtres, garçons e cumins viesse nos dar as boas-vindas, nos servir mais champanhe e nos informar que o chef queria cozinhar para nós.

Tínhamos alguma alergia? Não.

Algo de que não gostássemos? Nada que valesse a pena continuar não gostando.

Restrição de tempo? Absolutamente, não.

Alguns clientes acham assustador o conceito de um menu desconhecido. Sei disso porque já vi a expressão aflita em seus rostos. Mas, para mim, um restaurante sem menu definido, liderado por um chef confiável, seria o ideal. Diante de tal utopia, os clientes poderiam especificar alergias mortais, intensidade da fome e restrições de tempo, mas desdobrariam seus guardanapos e se renderiam. Imagine uma sala repleta de verdadeiros comensais dispostos a experimentar algo que em geral detestam, sob a piedade de um chef cujo único limite é sua imaginação (e possivelmente uma maré vermelha).* Seria como o diretor ou o ator a cujos filmes você assiste, o autor cujos livros de capa dura você compra tão logo estejam nas prateleiras, ou os músicos cujos shows o fazem dormir na calçada para comprar ingressos. Você pode dar uma olhada na crítica, ou levar em consideração a opinião dos amigos, mas confia no diretor, no autor, no artista e no chef ainda mais.

Foi uma refeição maravilhosa, com todos os seus 17 pratos e suas seis horas de duração, em parte porque seus criadores conheciam muito bem nossos paladares. Timo, foie gras ligeiramente aquecido e bolo de cenoura estão entre as comidas prediletas de André. A presença do tutano em meu prato não passou despercebida. Nem as trufas, em porções separadas mas iguais, para não provocar ciúme. As duas novas iguarias com caviar eram desconhecidas para nós, mas igualmente incríveis. Quando estávamos prontos para seguir em direção aos doces, a confeitaria nos mandou sorvete de tomilho, algo que servi tantas vezes e nunca havia provado. O sorvete é servido com um pequeno disco de chocolate cobrindo a tigela. Depois, quem estiver servindo coloca alguns grãos de sal no centro do chocolate e pinga azeite de oliva provençal quente, que derrete o disco, abrindo um buraco, o que faz o sal cair no sorvete. Era uma combinação de sabores, como eu imaginara.

Não tenho dúvidas de que comerei pelo mundo afora ao longo de minha vida, mas tenho as minhas lealdades. A noite que André e eu passamos no Per Se, mimados pela cozinha e por nossos colegas, será a lembrança à qual o restante será comparado.

---

* Fenômeno provocado pelo desequilíbrio ecológico resultante da proliferação excessiva de algas dinoflageladas, que são tóxicas. (N. da E.)

MENU DO PER SE

13 de novembro de 2005

• • • MENU DO ANDRÉ • • •

SOPA CREMOSA DE BRÓCOLIS
Ramos de brócolis e cebolas em conserva

CAVIAR SEVRUGA RUSSO
Batatas-miúdas roxas e crème fraîche *da Kendall Farm*

MEXILHÃO GEODUCK
Lâminas de rabanete heirloom *com ponzu glaçado*

SARDINHA FRANCESA GRELHADA
Couve-flor refogada com açafrão, raspas de funcho e pimentas piquillo

TOAD IN THE HOLE
Brioche com ovos de codorna e emulsão de trufas negras de inverno

MEDALHÃO DE TIMO DE VITELA

*Oxicocos com mel, alcachofras-de-jerusalém caramelizadas,
dente-de-leão e molho de vitela*

SALADA DE CEBOLAS ROXAS GRELHADAS

Maçãs Pink Lady pochées e vinagrete de trufas negras de inverno

AGNOLOTTI DE CASTANHAS COM MASCARPONE

Raspas de trufas brancas de Alba

LINGUADO ASSADO COM ERVAS

Fondant de raiz de aipo, ramos de aipo e confit *de toranja vermelha
com* fondue *de trufas ao Borgonha*

ERVILHAS E CENOURAS

Lagosta Nova Scotia cuit sous vide
*Cenouras doces à parisiense, salada de brotos de ervilhas
e manteiga de cenoura*

COXA DE PERDIZ ASSADA NA PANELA À MODA ESCOCESA

Foie gras de pato moulard de Hudson Valley sauté
Mix de legumes e verduras cozidos e molho périgourdine

CALOTTE DE BOEUF DE SNAKE RIVER FARM GRELHADA

*Peito de boi wagyu cozido por 48 horas
Tutano de boi crocante, alho-poró, cogumelos* black trumpet
e raiz de barba-de-bode com molho bordelaise

SORBET DE AZEITE DE OLIVA

Pudim de chocolate e azeite de oliva niçoise

SORBET DE MANGA
Ganache caramelizada de maracujá, croustillant *e* granité
de chocolate branco

TORTA DOCE DE CENOURA
Glacê de queijo cremoso e baunilha, crosta de nozes, coulis *de
uvas-passas pretas e sorvete de canela da Indonésia*

CARAMELO COM SALPICOS DE CHOCOLATE
*Brownie de chocolate Valrhona, ganache de chocolate ao leite,
flocos de chocolate ao leite, sorvete de caramelo com especiarias
e geléia de caramelo*

PETITS-FOURS

· ·

• • • MENU DA PHOEBE • • •

SOPA CREMOSA DE PASTINACA
Brunoise *de pêra Bosc*

CAVIAR SEVRUGA RUSSO
*Pepinos ingleses prensados, geléia de limão kaffir
e creme de limão-siciliano*

HIRAMASA CÍTRICO
Salada de cebolinha e caqui agridoce

LINGUADO ASSADO
Fondue *de pimentões doces e* pancetta *crocante*

CREME DE AZEITE DE TRUFAS BRANCAS
Com ragu de trufas Périgord

LÍNGUA MORNA DE CORDEIRO
Rillette de cordeiro, cenouras doces e tâmaras Medjool

SALADA DE RASPAS DE BULBO DE FUNCHO
*Beterrabas cozidas lentamente e vinagrete de
trufas negras de inverno*

MASCARPONE COM *AGNOLOTTI* DE CASTANHAS
Raspas de trufas brancas de Alba

LINGUADO ASSADO COM ERVAS
Fondant de raiz de aipo, ramos de aipo e confit *de toranja vermelha
com* fondue *de trufas ao Borgonha*

LAGOSTINS ESCOCESES COM MANTEIGA
*Berinjela com molho miso, capim-limão grelhado
e emulsão de rabada*

COXA DE PERDIZ ESCOCESA ASSADA NA PANELA
Foie gras de pato moulard de Hudson Valley sauté
Matignon de raízes e molho périgourdine

CALOTTE DE BOEUF DE SNAKE RIVER FARM GRELHADA
*Peito de boi wagyu cozido por 48 horas
Tutano de boi crocante, alho-poró, cogumelos* black trumpet
e raiz de barba-de-bode com molho bordelaise

BREBIS DES PYRÉNÉES
Marmelade *de endívias belgas, pão de trufas Périgord*
Essência de beterraba vermelha

SORVETE DE TOMILHO
Tuile *de chocolate, flor de sal e*
azeite extravirgem Moulin des Pénitents

SORBET DE BANANA
Torta jamaicana ao rum, espuma cássia e creme de folha
de limão kaffir

TORTA DOCE DE CENOURA
Glacê de queijo cremoso e baunilha, crosta de nozes, coulis *de*
uvas-passas pretas e sorvete de canela da Indonésia

SACHER TORTE PER SE
Pain de gênes de chocolate, marmelada de abricó,
creme inglês de gengibre
Sorvete de abricó, geléia de zimbro com pão temperado
Nougatine

PETITS-FOURS

. . . .

AGRADECIMENTOS

Com toda sinceridade, eu gostaria de agradecer a Thomas Keller e a Laura Cunningham por conceberem esses restaurantes, por me darem um emprego e jamais ficarem vigiando o que eu estava fazendo. Esqueçam toda a *finesse*; vocês *são* a *finesse*.

A Carolyn Marino, da HarperCollins, e a Paul Cirone, da Friedrich Agency, gostaria de citar uma menção do filme *Karatê Kid*: Passe a cera, tire a cera.

Obrigada a Mutti, a meu pai, a Sam, a minhas duas tias – Barbara Damrosch e Anne Williams –, e a minha prima Jessica MacMurray Blaine, que não só escreve muito bem, mas também consegue preparar iguarias como casquinhas de salmão.

Estou aguardando as faturas cármicas de Sarah Norris, Suzie Guillette, Katie Akana e Marci Delozier. Preferencialmente, em formato manuscrito.

Vijay Seshadri, JoAnn Beard, Molly Haskell e Rachel Cohen, do Sarah Lawrence, me fizeram as perguntas importantes.

Por me fazer descer de lugares altos, gostaria de agradecer a Thea Stone e a Kim Knittel.

Obrigada a Susan Convery por ser companheira de turma, de apartamento, de barco, de pedaladas, de alma, a voz da insensatez e a dama quase-antônima da paranóia.

E, por fim, gostaria de agradecer a todos aqueles a quem chamei de "chef". A seguir, uma lista da equipe de inauguração do Per Se, alguns que se juntaram a esse time depois e chefs importantes (do tipo que carregam facas): Sonya Adams, Nate Begonia, Jonathan Benno, Kat Beto, Susan Blank, Yannick Broto, Virginia Bulliner, Jose Carangui, Alex Castillo, Jorge Castillo, Natalie "Mama" Cox, Zion Curiel, Raj Dagstani, Michel Darmon, Peter Downey, Kate Edwards, Jeff Eichelberger, Peter Esmond, Matt Fuhrmann, Joe Gentry, Kerry Hamilton, James Hanley, Jimmy Hayes, Alisha Hidalgo, Tim Howard, E.J., Keith Kelly, Jill Kinney, Mahmud Lasker, James Lauer, Corey Lee, Chris L'Hommedieu, Eric Lilavois, Randy Logan, Leslie Lopez, Alisa Lozano, Lisa Mesiti, Rudy Mikula, Michael Minnillo, Kathryn Mirtsopoulos, Craig Muraszewski, Larry Nadeau, Emily Newman, David Norris, Paolo Novello, Arleene Oconitrillo, Asya Ollis, Kelly Pottle-Graham, "R-dog", Jose Reyes, Bill Rhodes, Paul Roberts, Anthony Rush, Rudy Santos, Veronica Santos, Joel Schott, Jonathan Schwartz, Joshua Schwartz, Lyndon Smith, Wayne Smith, Brendan Sodakoff, Linus Streckfus, Wilson Thomas, Carolos Tomazos, Gregory Tomicich, Daniel Toral, Met Ture, Brian Van Flandern, Aracely Warner e Tina Zekhtser.

A Editora Senac Rio publica livros nas áreas de gastronomia, design, administração, moda, responsabilidade social, educação, marketing, saúde, cultura, comunicação, entre outras.

Visite nosso site www.rj.senac.br/editora, escolha os títulos de sua preferência e boa leitura.

Fique ligado em nossos próximos lançamentos! À venda nas melhores livrarias do país.

Editora Senac Rio
Tel.: (21) 2510-7100
Fax.: (21) 2240-9656

Editora Senac São Paulo
Tel.: (11) 2187-4450
Fax.: (11) 2187-4486

Disque Senac: (21) 4002-2002

Este livro foi composto nas tipologias
Scala e Scala Sans, por Lauro Machado,
e impresso pela Gráfica Santa Marta,
em papel offset 90g/m², para a Editora Senac Rio,
em março de 2009.